厦门社科丛书·鼓浪屿历史文化系列

厦门市委宣传部　厦门市社科联　编

鼓浪屿
史话

Gulangyu Lishi Wenhua Xilie

李启宇　詹朝霞　著

厦门大学出版社

XIAMEN UNIVERSITY PRESS

图书在版编目(CIP)数据

鼓浪屿史话/李启宇,詹朝霞著. —厦门:厦门大学出版社,2013.9
(厦门社科丛书.鼓浪屿历史文化系列)
ISBN 978-7-5615-3362-8

Ⅰ.①鼓… Ⅱ.①李… ②詹… Ⅲ.①区(城市)—地方史—厦
门市 Ⅳ.①K295.73

中国版本图书馆 CIP 数据核字(2013)第 215569 号

厦门大学出版社出版发行
(地址:厦门市软件园二期望海路 39 号 邮编:361008)
http://www.xmupress.com
xmup @ xmupress.com
厦门集大印刷厂印刷
2013 年 9 月第 1 版 2013 年 9 月第 1 次印刷
开本:889×1194 1/32 印张:7 插页:2
字数:218 千字
定价:180.00 元(全套 10 册)
本书如有印装质量问题请直接寄承印厂调换

总　序

　　"国民之魂，文以化之；国家之神，文以铸之。"文化是一个民族的根，一个民族的魂，是国家发展、民族振兴的重要支撑。当今时代，文化越来越成为民族凝聚力和创造力的重要源泉，越来越成为综合国力竞争的重要因素。

　　厦门是一个具有一定历史文化积淀的现代化港口风景旅游城市，物华天宝，人杰地灵，形成了瑰丽多姿的文化和丰富独特的文化遗产。鼓浪屿素有"海上花园"、"万国建筑博览"、"音乐之乡"、"钢琴之岛"之美誉，是国家级重点风景名胜区。在历史的发展过程中，近现代中西文化在这里汇聚融合，造就了一种既具有深厚的闽南文化传统，又具有浓厚西洋文化特色的文化形态和风格，是厦门独特的历史文化的浓缩和代表。

　　为进一步研究、保护、传承鼓浪屿历史文化，厦门市委宣传部、市社科联聘请了成长于鼓浪屿的福建省社科院原副院长、资深文史专家黄猷先生为总审稿人，联合组织专家学者精心策划、精心研究、精心编撰出版《厦门社科丛书——鼓浪屿历史文化系列》。丛书以史话、风光、建筑、音乐、宗教、原住民、公共租界、侨客、教育、学者等十个专题为主要内容，较客观准确地介绍了鼓浪屿历史文化和风土人情，充分展现了鼓浪屿深厚的文化底蕴和独特魅力，是一套系统研究鼓浪屿历史文化的史料读本和百科全书。相信《厦门社科丛书——鼓浪屿历史文化系列》的出版发行，对于传承、弘扬鼓浪屿历史文化和厦门特色文化，提升厦门市民的人文素质和城市文化软实力以及鼓浪屿申请世界非物质文化遗产都具有重要的意义和积极的作用。

中共厦门市委常委、宣传部长

2010 年 1 月

前 言

对于鼓浪屿这样的一座具有世界性影响的岛屿，再多的书也写不尽她的内涵；对于鼓浪屿这样的一座人见人爱的美丽的岛屿，再多的书也写不尽她的魅力。正因为如此，关于鼓浪屿，已经有太多太多的描述：

人们赞美鼓浪屿的风光——天风海涛，花团锦簇，天工鬼斧的粗犷壮阔中不乏精雕细刻的旖旎绮丽。

人们赞美鼓浪屿的街市——楼依山而立，街顺屋而行。起伏中见层次，逶迤中显风情。不用说汽车无法行驶、连脚踏车难以骑行的不便也成为褒奖的理由。

人们赞美鼓浪屿的建筑——番仔楼喜其风格独特、标新立异；大厝宅爱其历史久远、恪守传统；不中不西、不土不洋的构建，则誉为中西结合、土洋混搭的杰作。

人们赞美鼓浪屿的文化——第一所幼稚园、第一架钢琴、第一场家庭音乐会……甚至为了这座小岛究竟是称为琴岛还是音乐岛发生过一场争论。

人们赞美鼓浪屿的名声——"国家 5A 级旅游景区"、"ISO 14000 国家示范区"、"全国文明风景旅游区"、"国家风景名胜区综合整治优秀单位"、"中国最美城区"榜首、"最具特色的中国十大风景名胜区"、"欧洲人最喜爱的中国十大景区"、"外国人最值得去的 50 个地方金奖"……可以说，在鼓浪屿参加的各种名目繁多的评比中，这座小岛基本上没有一次名落孙山。

……

应该说，对于像鼓浪屿这样的在世界上几乎可以称得上独一无二的人文、自然瑰宝，再多的赞颂也不会过分。但是，当我们把一首首赞美的诗篇献给这座小岛的时候，我们是否想过：鼓浪屿值得我们赞美的一切东西究竟是怎样来的？历史好比是一棵树，当你忘情于树上的美之花、善之果时，请别忘记深埋于时光土壤之下的树之根。

本书的写作目的之一就是要告诉你一个相对完整的鼓浪屿。让你知道鼓浪屿是怎样从一个无人问津、乱石成堆的蕞尔小岛，超越了采石场、墓葬场的不幸经历，成为举世闻名的海上花园。

虽然厦门文史界尚未产生过关于鼓浪屿历史的完整的著述，但如前所述，对于鼓浪屿的方方面面，已经有过太多太多的描述，这些描述表现出来的史观或所受史观的影响也是不一而足、五花八门。本书沿用《厦门史略》的做法，从文明发展的角度来解读发生在这座小岛上的一切。由于彻底肃清极左思潮的影响是一项长期、艰巨的任务，所以有的时候还不得不重申常识，以纠正一些流传甚广、甚久的误说。

2008 年年底，厦门市启动了鼓浪屿申报世界文化遗产的工作。这一决策使研究鼓浪屿的人们意识到：在 21 世纪开始的第一个 10 年即将过去之际，我们终于摆脱了单纯、对立、一元化的思想束缚，跳出了认知方面的窠臼，认识到有一些"文化"是可以作为"世界"性的"遗产"来保护并加以发扬的。而文化就是人类物质文明和精神文明的总和。

鼓浪屿对于世界的意义，并不仅仅在于为人们提供观赏游览的场所，更在于这座小岛在明末清初以来的数百年间所创造出来的文化的价值。这其中有经验，有教训，当然也有痛苦。在人类进化、社会进步的过程中，经验和痛苦总是如影随形。当代人的使命不是把痛苦当作枷锁，不是去咀嚼痛苦，而是要认真总结历史遗留下来的经验，以资借鉴，以资鼓起继续前进的信心和勇气。

希望本书能帮助读者更深入地认识鼓浪屿，热爱鼓浪屿。

鼓浪屿

史话

目录

CONTENTS

第一章

寂寞小岛

第一节　从圆洲仔到鼓浪屿

一、自然地理概略

　　鼓浪屿位于福建东南海滨、厦门市西南部海中，隔着约500 米宽的鹭江与厦门岛遥遥相望，中心地理坐标约为北纬 $24°26'47''$、东经 $118°03'44''$。大约 100 年前，最长处约 1770 米、最宽处约 1160 米，全岛面积约为 1.71 平方公里。经过多年填海造地，到 1996 年，按照国土测量的数据，全岛面积为 1.91 平方公里。岛上最高点日光岩海拔 92.7 米。

　　这座小岛是西太平洋板块向欧亚大陆板块俯冲引发地壳隆起，并经历了两次海进海退的产物。最近的一次海进发生在距今 6000～8000 年期间。

　　地质资料表明，厦门岛南端沿九龙江口、海沧区的嵩屿延伸到漳州盆地，有一条北—西向的断层，厦门岛西南部的鹭江至海沧区钟山有一条北—西向断层，鼓浪屿就崛起在两条断层之间。

　　这座小岛最宝贵的自然资源是岛上的石头和环绕小岛的海

洋。岛上各个山头及海岸带均有巨型球状花岗岩分布，较具代表性的有日光岩、鸡母石、面包石、覆鼎岩、关刀石、驼背石（剑石）、印斗石、鹿耳礁等。全岛海岸线长近 7000 米，环绕全岛共有 8 个突出岬角和 9 个相对完整的海湾相间分布，周边有 10 处礁石群、7 处峭崖。海蚀洞、海蚀平台、海蚀地阶、海蚀石等各类海蚀地貌相当发育。覆鼎岩沙滩、鹿耳礁沙滩、田尾沙滩、港仔后沙滩、面包石沙滩和蚝蚬湾沙滩等，都是理想的海滨浴场。

但是，即便有一些值得称道的天然风光，这座小岛也很难引起先民的注意。因为从农业生产的角度看，这座小岛基本上缺乏支持自给自足经济的条件。

岛屿基本由花岗岩石构成，只是在稍微低洼或平坦的地方覆盖有厚薄不等的土壤；而从地貌的角度观察，鼓浪屿虽然海拔不高，高低错落、起伏不平却十分突出。不满两平方千米的岛屿上，竟然有岩仔山（即日光岩，一称龙头山）、东山、旗尾山、鸡母山、笔架山、浪荡山（一称骆驼山）、坡仔尾山、大石尾山、洲仔尾山、倒流岭、石磡顶、弥陀山（即升旗山）等十几座低丘高阜。从 92.7 米高的日光岩到东部海岸线，坡度达到 20% 左右，到西部海岸线竟然达到 30% 以上。在这座小岛上，要找到一块足球场大小的场地，着实是一件极为困难的事。岛上没有地理意义上的河流，历史上曾经有过的所谓龙头河、港仔后河、旧庵河、祖公河、园河实际上只是下雨时排泄积水的水沟，根本无法形成灌溉系统。所幸岛上还有地下岩隙储存的地下水，可供采掘使用，不至于有涸辙之虞。

从渔业生产的角度看，岛屿两侧进出厦门西港的两条水道一天有两次进退潮，潮水流速较快，海域面积也有限，不能形成一定规模的渔场，岛上所谓的渔业产品，除了零星的网、钩捕鱼之外，只有没有多大经济价值的浒苔、蚝蚬。

从航运的角度看，由于岛屿面积太小，不具备起码的吞吐能力，且孤悬海中，又缺乏深水岸线，基本上没有可取之处。

年复一年，日复一日，这座小岛矗立在蓝天碧海之中，极目云舒云卷，怅望潮涨潮落。

二、地名由来

在宋、元时期，这座小岛还是不为人知的荒岛，因为略呈圆形，且沙滩环绕，被称为圆沙洲，又称圆洲仔。

关于圆沙洲、圆洲仔的称呼如何演变为鼓浪屿，有两种说法，较早的说法是源于视觉，据说登高而望，可见海浪涌向岸边的礁石，有如擂鼓；另一种说法则源于听觉，据说海浪冲击小岛西北部海滨的一块被称为"鼓浪石"的礁石时会发出擂鼓般的声响，小岛因而得名。但关于这座小岛的得名，民间还另有一说：圆沙洲从西北到东南有五座低丘绵延伸展，在面对厦门岛一侧的海滨会合。按堪舆家的说法，此地势为五龙聚首，五龙聚首之

明万历版《泉州府志》"古浪屿"地图

处被称为"龙头"，圆沙洲也被称为五龙屿。清光绪四年（1878年），时任英国驻厦门代理领事的瞿理斯在谈论鼓浪屿的风水时说道：按照中国人的风水观，鼓浪屿被比喻成一条龙，它的头所在之处被称为龙头。[1] 在厦门话中，"五龙"与"古浪"发音极为相似，明弘治年间（1488—1505 年）黄仲昭编纂《八闽通志》时，这座小岛被称为"古浪屿"[2]。

由于自然条件恶劣，宋、元时期的圆沙洲直至明中叶仍是人烟稀少，未能留下多少历史痕迹。屿内至今已知最早的有文可稽的文物是日光岩东侧石壁上的一处石刻残存，全文为："明万历元年春丹阳少鹤丁一中题并书　同游者梅岩王霖□欧一隐□山傅钥儒士黄俊明曾一贯曾维……"这处石刻残存的边上就是著名的"鼓浪洞天"擘窠大字，因而近年来有人据此断定"鼓浪洞天"就是丁一中的题刻。这其实有牵强附会之嫌。

首先，丁一中的石刻残存明确写明是"题并书"，按照中国书画界约定俗成的规矩，如果丁一中写的是"鼓浪洞天"四个字，落款就只能在"丁一中题"，或"丁一中书"，或"丁一中"三种形式中任选一种，而且没有必要附上诸多"同游者"的姓名。只有在题诗并将诗作抄录下来的情况下，才使用"题并书"的落款方式，并附上"同游者"的姓名。

其次，丁一中的残存石刻上，丁一中和傅钥都是可以查考的历史人物。这两人和池显方、何乔远都是明隆庆至明崇祯年间（1567—1644 年）泉州府知名的文士，彼此间多有诗文往来。何乔远在明万历四十年（1612 年）和阳思谦、黄凤翔合作编撰的《泉州府志》在附图和《舆地志·叙山》中仍延用"古浪屿"的称呼，而且没有收录"鼓浪洞天"题刻的资料，说明当时的日光岩

---

[1]　何丙仲辑译：《现代西人眼中的鼓浪屿》，厦门大学出版社 2010 年版，第183 页。

[2]　黄仲昭修纂：《八闽通志》，福建人民出版社 1990 年版，第 132 页。

尚未出现"鼓浪洞天"的题刻。[1]厦门当时就隶属泉州府同安县。何乔远多次到过厦门，和厦门的傅钥、池显方等文人雅士过从甚密。而傅钥、池显方是最早发现、推介鼓浪屿的热心人士。可以肯定，通过傅钥、池显方等人，何乔远完全具备掌握关于鼓浪屿的第一手材料的条件。因此，他在截止时间为明万历四十年之前的《泉州府志》没有提到"鼓浪洞天"石刻，足以说明当时的日光岩石壁上尚未出现"鼓浪洞天"四个大字。

就在明万历四十年（1612年）后，何乔远根据福建各府、县上送省里的府志、县志，开始编纂《闽书》，并于明万历四十四年完成《闽书》的初稿。明崇祯元年（1628年），福建巡抚熊文灿筹资刊刻《闽书》时请何乔远对书稿做了一次增补。增补的主要内容是明万历四十年至四十八年期间的资料，以便完整记载明神宗即万历朝的重要资料。《闽书》记载道："鼓浪屿　在嘉禾海中，民居之。洪武二十年与大嶝、小嶝具内徙。成化间复旧。上有大石壁立，刻'鼓浪洞天'四大字。傍有岩，名日光。"[2]与明万历版《泉州府志》比较，明崇祯版《闽书》将"古浪屿"更名为"鼓浪屿"，并增加了"鼓浪洞天"石刻的内容。这两个变化说明日光岩石壁上出现"鼓浪洞天"石刻以及"古浪屿"更名为"鼓浪屿"两件事情均发生在明崇祯版《闽书》增补资料的时段，即明万历四十年至四十八年（1612—1620年）。因此，丁一中明万历元年留在日光岩石壁上的石刻，可以确定与"鼓浪洞天"无关。遗憾的是，我们至今尚无法得知丁一中在日光岩石壁上"题并书"的究竟是什么样的作品。《闽书》记载"鼓浪洞天"石刻时，并没有像一般署名石刻一样载明题刻者的姓名。这只能说明，"鼓浪洞天"石刻原本就没有留下题刻者

---

[1]　阳思谦、何乔远、黄凤翔编纂：《万历泉州府志》第一册图六、卷之二，泉州志编纂委员会办公室1985年影印本，第13页。

[2]　何乔远编撰：《闽书》第一册，福建人民出版社1994年版，第272页。

的姓名。因此，不仅《闽书》没有收录"鼓浪洞天"题刻者的姓名，清乾隆版《鹭江志》、清道光版《厦门志》等历代地方志都将这处石刻的最早的题刻者的姓名付诸阙如。

至今没有证据能够证实"古浪屿"更名为"鼓浪屿"是否受到"鼓浪洞天"石刻的影响，但有一个事实是无可否认的：何乔远编纂的《闽书》是首次记载"鼓浪洞天"石刻、同时首次将这座小岛的名称记载为"鼓浪屿"的地方志书。

明天启二年（1622年），明人黄受采在为其叔黄振山撰写的墓志铭中称"宗人世居鼓浪"，这是目前屿内可以见到的关于"鼓浪屿"的最早记载。几乎与此同时，厦门名士池显方在其所写的诗中开始用"鼓浪屿"来称呼这座小岛。[1] 当然，"鼓浪屿"肯定比"古浪屿"、"五龙屿"更为文雅，更富有诗意，因而更受到各界人士的喜爱，自然也就成为广泛采用的名称。

第二节　早期的传闻与记载

一、海盗巢穴

1990年在原福建省美术工艺学校出土一批重达100千克左右的古钱。古钱的年代最早为汉代，最迟为宋咸淳（1265—1274年）年间，品种多达50多种。有人认为，这钱币也许是南宋幼帝赵昰南逃广东经过厦门湾时留下的；也有人认为，从这批钱币多朝代、多品种的特征来看，应该属于某个钱币收藏家的藏品。

显然，南宋时期的圆沙洲并不具备产生钱币收藏家的条件，而钱币的合法主人显然也不会把这笔价值不菲的财产埋藏在圆沙

---

[1] 池显方著、厦门市图书馆校注：《晃岩集》，厦门大学出版社2009年版，第22、30页。

洲这样的荒岛上。作出这样的举动的人极有可能是在当时就声名狼藉的海盗。

从宋代开始，福建东南沿海就开始出现海盗。明洪武三年（1370年），倭寇的魔影开始在泉州府一带的海面上出没。海盗和倭寇在福建东南海域可以说是臭名彰著，几乎所有沿海的府志、县志都有关于他们的记载。明《万历泉州府志》收录的从宋代开始的关于"盗贼类"的记载就多达数十条。[1]明正统十四年（1449年），海贼张秉彝攻中左所，张所率海船竟有"二百余"艘之多。[2]

明朝廷实行"弃海守岸"的策略，厉行"海禁"政策：禁止中外通商，严禁民间建造大船，登峰造极之时甚至严令"不许片板下海"。明洪武二十年（1387年）强令沿海所谓"不宜民居"的岛屿居民迁居内地，鼓浪屿在"强迁"之列。[3]"强迁"固然有加强沿海防务的因素，但并不是主要原因。明代在民间编制图册，按人头收税，百姓居住岛屿，必然造成盘查人口、税赋征管的诸多不便，"强迁"实际上是强化封建统治的手段之一。民间传说，内厝澳原称李厝澳，因嵩屿李姓人家于元末明初迁入居住而得名。后李姓迁离，后来迁入之人遂改李厝澳为内厝澳。李姓的迁离，应该与洪武二十年的"强迁"有关。

朝廷的海禁政策使岛民突然之间改变了生活方式，不愿迁离的岛民沦为非法居民。为了维持生存，一些人不得不利用对于港湾航道的熟悉、对于潮水风信的了解，出没于风里浪间，干起杀人越货的勾当。有的为倭寇引水带路、充当内应，有的海盗山贼

[1] 阳思谦、何乔远、黄凤翔编纂：《万历泉州府志》第十册卷之二十四，泉州志编纂委员会办公室1985年影印本，第30~43页。

[2] 周凯总纂、厦门市地方志编纂委员会办公室整理：《厦门志》，鹭江出版社1996年版，第526页。

[3] 周凯总纂、厦门市地方志编纂委员会办公室整理：《厦门志》，鹭江出版社1996年版，第24页。

甚至乔装打扮，冒充倭寇打家劫舍。那些岛民被强迫内迁的岛屿就成为海上盗贼的藏身之处。

清康熙二年（1663年）清军攻占厦门岛并"墟其地而返"之后，海盗"陈白骨、水牛忠等，招纳亡命千人盘踞，侵掠沿海内地"。[1]厦门岛如此，鼓浪屿当不能外。清宣统二年（1910年），美国归正教会牧师在他的书中写道："厦门最初被人们所注意是在宋朝（1126—1278年）。当时，它仅仅是马可·波罗的'海岛'存在。那时也许居住着一些贫困的渔民与亡命徒……1345年之后，历史记录了二百年来，暴虐的海盗与倭寇不分妇孺地掠杀岛上的人民，手无寸铁的残弱皆陷水火。从此，它变成整个海岸线上最声名狼藉的海盗沉灌场所。"在与厦门一水之隔的这座小岛，"沿着岛的西岸，可以发现一些大小山洞。本地人对这些洞编织了最恐怖的故事……最大的洞在第一堆石头附近、鼓浪屿牛奶场远处的山上浪荡山，它大约长三四十尺、高十尺……还有一些人会告诉你这个洞曾经是通往地道的入口，它的出口在自由教新房子下，在德国领事馆的正对门……这个地下洞穴确实存在，并且是勇敢的海贼和洋盗的聚会点。三四百年前，他们把这个岛当作宿营地，当他们受当局缉捕时亦据作狡窟，传说人们称它'救命洞'"。[2]

20世纪50年代，在这座小岛上，还可以听到一些老人饶有趣味地讲述海盗在洞穴中藏宝的故事，甚至指名道姓地说，某某人就是在某个洞穴中捡到海盗的藏宝因而发家致富、某某人曾经在某处石穴中捡到宝贝。

---

[1] 江日升著、吴德铎标校：《台湾外志》，上海古籍出版社1986年版，第229页。

[2] 腓力普·威尔逊·毕著：*IN AND ABOUT AMOY*，陈国强译，中国基督教卫理公会出版社1912年第2版，厦门市博物馆1991年刊印，第11、12页。

二、海上贸易的尝试

明成化六年（1470 年），鼓浪屿成为无人岛约 100 年之后，明朝廷的禁海令终于稍稍放开，这座小岛又重现些许生机。这一时期，正值世界海上贸易盛行，葡萄牙、西班牙、荷兰等国的武装商船陆续到中国东南沿海寻求贸易，与鼓浪屿碧波相连的漳州月港、九龙江出海口的海上对外贸易明明暗暗、断断续续地维持了近 200 年。这座小岛尽管没有像样的码头，也没有维持贸易的起码的货物流通渠道，但岛上毕竟还有可供靠泊三五艘帆船的港澳，岛民也就开始了海上贸易的尝试。厦门百姓有"倾产造船"、"以贩海为利薮，视汪洋巨浸如衽席"的风俗，[1]鼓浪屿的岛民显然不能例外。当然，鼓浪屿并不具备成为货物集散地的条件，鼓浪屿的商民所能做的就是独资或集资建造一艘帆船，再凑上一点本钱，到帆船能够抵达的内地沿海地区收货，再转手出售给外商或国内的洋商。明代之前，鼓浪屿、厦门海域的船只进入厦门西港后，折向西北可通过马銮湾抵达灌口，往北可上溯同安东溪直达城东 5 里处的码头，元代大德年间（1297—1307 年）那里已经成为同安县重要的货物集散地。

海上贸易并非一帆风顺，除了风浪险恶莫测之外，还有三大难关：一是地方官府近乎严酷的管理。民间造船、民船出海，均须有官府的许可，而要获得官府的许可，不靠关系疏通，就得靠金钱买通。二是税官胥吏欺诈。月港开放时期，朝廷在月港派有专员监税，在各交通要道、港口码头设立关卡，大肆搜刮。三是"红夷"和海盗的骚扰。"红夷"系指荷兰人。明天启年间（1621—1627 年），荷兰东印度公司因为要求明朝廷开放对外贸易未得允许，明天启二年秋（1622 年 10 月）竟然派出武装船

---

[1]　周凯总纂、厦门市地方志编纂委员会办公室整理：《厦门志》，鹭江出版社1996 年版，第 512 页。

队"开往漳州河和中国沿海一带，看看通过我们的敌对行动和使用武力，是否能使他们来同我们通商"。[1]就是在这次武装行动中，荷兰人几次在鼓浪屿登陆，烧毁船只、村庄，劫掠财物、牲畜。在他们的掠夺品中，就有一座仓库中的"二十一大包丝线"。[2]至于海盗的劫掠，更是司空见惯。小股海盗明火执仗、杀人越货，大股海盗手段更为凶险毒辣。他们往往事先隐匿海岛"为巢穴，伪立头目，刊成印票，以船之大小，为输银之多寡，或五十两，或三十两、二十两不等。或未发给票，谓之'报水'；货卖完纳银，谓之'交票'，毫厘不少，时日不爽"。[3]如果船主不从，最后的结局就是船毁人亡。

明天启年间，福建东南沿海最大的海盗集团就是郑芝龙。明王朝初期已经可以造出硕大的"宝船"命太监郑和七下西洋，但之后长期实行"禁海"政策，造船技术不进反退。郑芝龙拥有的船只吨位和性能普遍胜过朝廷的水寨军，而且配备了"洋熕"即西洋制造的新式火炮。明王朝多次发兵企图剿灭，但已经无奈其何，不得不于明崇祯元年（1628年）将其招安。之后，郑芝龙累官游击、总兵，凭借地方军事要员的威风和雄厚的海上武装实力，控制了福建东南沿海的海上对外贸易。清道光《厦门志》称："时海盗蜂起，洋泊非郑氏令不行。上自吴淞，下至闽广，富民报水如故。岁入例金千万，自筑城安平寨，重兵专制海滨。"[4]

明崇祯三年（1630年）5月（月份、日期用阿拉伯数字表示者为公历，用汉字表示者为中国旧历，全书同），在川行厦门海

[1] 邦库特著：《东印度航海记》，姚楠译，中华书局1982年版，第79页。

[2] 邦库特著：《东印度航海记》，姚楠译，中华书局1982年版，第83页。

[3] 计六奇著：《明季北略》（上），中华书局1984年版，第103页。

[4] 周凯总纂、厦门市地方志编纂委员会办公室整理：《厦门志》，鹭江出版社1996年版，第529页。

1633 年厦鼓海域中荷海战（原载曹永和著：《台湾早期历史研究续集》）

域和大员（今台南）之间的船只中，出现了一艘命名为"鼓浪屿号"的帆船，说明这一时期鼓浪屿的海上贸易已经初具影响。当然，这艘帆船的主人不是郑芝龙或者其部将，就是获得郑芝龙船证的贸易商。可惜的是，"鼓浪屿号"帆船刚从大员返回九龙江河口，就遭到郑芝龙的死对头、海盗钟斌劫掠，船员死于非命，船只和货物不知所终。[1]

三、采石浩劫

鼓浪屿也并非一无长物。这座基本上由花岗岩构成的石头小岛遍布巨岩，造型千奇百怪，堪称鬼斧神工。可惜的是，岛上这一宝贵资源很早就遭到毁灭性的破坏。花岗岩是制碑、建筑的优质材料，加上随处可见，采伐方便，这座小岛成为人尽可伐的采石场。

从明末厦门名士池显方《鼓浪屿》一诗中"造砌及修碑，尽在此中伐。至今数百年，剥尽无肌骨"的诗句来看，鼓浪屿采石

---

[1]　江树生译注：《热兰遮城日志》第 1 册，台南市政府 1990 年发行，第 27、29 页。

应该有相当长的历史了，但究竟始于何时已经无法考证。池显方写于明天启三年（1623年）的另一首诗《陪南思受谢简之登鼓浪屿和中丞韵》也提到鼓浪屿采石的状况。诗中写道："残石伐将尽，惟余一古邸。"[1]看来，当时鼓浪屿岩石景观遭破坏的情形已经十分严重。池显方对此十分愤慨，谴责在鼓浪屿采石卖钱的行为是"孔方之外，他无所知"。

　　尽管池显方竭力呼吁保护鼓浪屿的岩石景观。但采石仍在进行。明崇祯三年（1630年）3月，荷兰东印度公司大员商馆开始建造城堡。当时荷兰人控制下的大员一带，生产力水平还相当低下，不具备开山采石的技术水平和技术力量，长官普特曼斯利用到厦门岛与郑芝龙谈判的机会，特意到鼓浪屿考察，"派人装载

采石场遗址

---

　　[1]　池显方撰、厦门市图书馆校注：《晃岩集》，厦门大学出版社2009年版，第22、99页。

一些大员建造城堡所需的石头"[1]，可见当时鼓浪屿作为石场的名声已经传播到台湾。上文提到的驶往大员的"鼓浪屿号"帆船，装载的主要货物之一便是石头。根据荷兰东印度公司大员商馆逐日撰写的《热兰遮城日志》，荷兰人在大员建造城堡、房屋所需的石材，大部分取自厦门湾一带海域。

清顺治三年（1646年）清军入闽。翌年，郑成功起兵抗清，率领几条船、两三百士兵游弋在南澳、铜山（今东山县）、海澄、鼓浪屿一带海域，曾一度进驻鼓浪屿。但鼓浪屿显然不足以屯兵养战，之后便从郑彩、郑联手中夺得厦门岛，形成凭借沿海诸岛屿与清王朝对峙的局面。清王朝于顺治十七年对福建沿海实行全面封锁，在沿海30里线设置界沟、界墙，强令界线内的百姓迁居界外。在封锁、动荡、战火之中，鼓浪屿的采石似乎暂时停止。但随着局势的平稳，采石活动再次恢复。清乾隆二十八年（1763年）出版的《泉州府志》仍记载："鼓浪屿 在嘉禾屿……漳、泉用石多采于此，今浮石渐尽。"[2]至今，我们仍可以在这座小岛的许多地方看到当年采用传统技法开采石头的遗址。

清光绪二十九年（1903年），鼓浪屿工部局根据《厦门鼓浪屿公共地界规例》制定并实施《鼓浪屿工部局律例》。《鼓浪屿工部局律例》专门设立一个条文：禁止在鼓浪屿开采名胜石。之后，似乎再不曾发现关于在鼓浪屿采石的记载。鼓浪屿的采石终于被制止。此时，距池显方发出保护鼓浪屿石头景观的呼吁已经有280年。[3]

---

[1] 江树生译注：《热兰遮城日志》第1册，台南市政府1990年发行，第21页。

[2] 怀荫布总裁：《泉州府志》卷之八《山川三》，泉州志编纂委员会办公室1984年影印本，第34页。

[3] 李启宇著：《厦门史料考据》，厦门大学出版社2013年版，第55页。

第二章

生面初开

第一节 海关小口

明弘治年间编修的《八闽通志》将圆沙洲记载为"古浪屿"，说明当时的这座小岛已经有了一定规模的经济活动；日光岩寺旁石壁上残存的"明万历元年春丹阳少鹤丁一中题并书 同游者梅岩王霖□欧一隐□山傅钥儒士黄俊明曾一贯曾维……"等字样说明最迟在1573年，鼓浪屿已经被喜欢登临游览的文人雅士视为佳境；日光岩寺现今尚保存的石横梁上镌刻的"莲花庵"、"明万历丙戌季冬重建"等字样说明最迟在万历十四年即1586年，这座小岛已经有了传统的宗教活动。但从现存最早的明天启三年（1623年）福建巡抚南居益游鼓浪屿的诗中"野人惊问客，此地只临鸥。归路应无路，十洲第几洲？"的句子来看，鼓浪屿当时还是人烟稀少，可见发展是相当迟缓的。即便是这样的发展，也受到倭寇、海盗和"红夷"一次又一次的干扰，最终在明末清初代表南明政权的郑氏家族与清王朝的争战中彻底中断。

清康熙十九年（1680年），清王朝占领厦门岛，并在岛上派驻总兵，鼓浪屿与厦门岛一起纳入清王朝的行政管辖。此后，厦门岛由农耕经济为主转为港口经济为主，厦门岛西南部成为新的经济中心。在此之前，鼓浪屿一直以"古浪屿"的名称和曾厝垵、塔头等乡共同隶属于嘉禾里二十二都。[1]康熙二十四年重建厦门城之后，在厦门城内外设立附城四社，并实行保甲制，鼓浪屿保改属附寨社，[2]清道光十九年（1839年）前后改属和凤前后社。[3]

清康熙二十三年（1684年），清王朝在厦门岛西南海滨设立闽海关。尽管也称为海关，但此时的闽海关并不具备管理对外贸易的职能，只是负责对台湾、沿海南北商船以及内河流通货物的税务征收、稽查。闽海关正口设在岛美路头（今鹭江宾馆附近），下设三类小口：一为清单口岸，负责通关船只货物核查、开具税单、押赴正口缴税；一为钱粮口岸，负责未通过正口的船只的货物核查、征税；一为稽查口岸，设哨船巡游，负责查访偷、漏税船只。闽海关在鼓浪屿内厝澳设置一清单口岸，主要管理一水之隔的嵩屿的水上税务，负责稽查石码、海澄及在漳州登记的小船货物。

清王朝对于海洋的控制丝毫不比明王朝逊色多少，海关成为清王朝控制海洋的重要工具之一。鼓浪屿小口不但要协助厦门正口收税，还要负责查验进出船只的印票（即登记证件）、船头烙号、登记人数等。清雍正八年（1730年），要负责查验进出船只所带之米粮是否在原籍地购买，对查出逾地购买米粮的船主捉拿究办；雍正九年，查禁携带废铁入境，查禁铁锅、黄金出洋；乾隆元年（1736年）查禁偷运米谷出洋；乾隆十三年查禁偷运麦豆、杂粮出洋；乾隆十四年查禁铜器、废铜出洋……

---

[1] 吴锡璜总纂、厦门市同安区地方志编纂委员会办公室整理：《同安县志》，方志出版社2007年版，第101页。

[2] 薛起凤主纂，江林宣、李熙泰整理：《鹭江志》，鹭江出版社1998年版，第48页。

[3] 周凯总纂、厦门市地方志编纂委员会办公室整理：《厦门志》，鹭江出版社1996年版，第529页。

设在内厝澳的闽海关的鼓浪屿小口只有一间税馆、一艘桨船，连单独的编制也没有，只是由厦门正口派出税吏轮流值守。实际上，在鼓浪屿设置海关小口也似乎是多余的。一方面，石码、海澄和漳州等地的商民如果走私，完全可以不要从嵩屿下海，再通过鼓浪屿与嵩屿之间的水道出洋。他们可以从陆路直接抵达九龙江出海口的北岸，南出浯屿，直通外洋。因此，闽海关设在内厝澳的这个海关小口免不了形同虚设的尴尬，并不能给鼓浪屿带来多大的影响。另一方面，由于清王朝对沿海及岛屿居民出海实施极其严厉的限制，给居民的生活造成极大的不便，尤其像鼓浪屿这样的缺乏自给自足的生产条件和足够的生活设施的小岛，不是迫不得已，一般人是不会前去居住的。

在鼓浪屿这样的小岛，船只是与外部世界维持联系的唯一工具。但是，由于惧怕百姓外逃、"勾结海匪"，朝廷对船只控制极其严格。清康熙四十二年（1703年）规定，"商贾船许用双桅，其梁头不得过一丈八尺……未造船时，具呈该州县，取供严查。确系殷实良民亲身出洋船户，取具澳甲、里族各长并邻佑当堂画押保结，然后准其成造。造完，该州、县亲验，烙号刊名，仍将船甲字号、名姓，于船大小桅及船旁大书深刻，并将船户年貌、姓名、籍贯及作何生业，开填照内，然后给照，以备汛口查验"。渔船必须"与商船一体取具里、邻、族、澳甲保结，编号烙印桅上，篷上大书县分、姓名，船旁深刻字号。其小者在本省本港各洋面采捕，朝出暮归，不准在洋过宿。编十船为一甲，给与门牌悬挂，责令澳甲、房族取具连环保结，一船为匪，九船并坐。均不准邻县请照，亦不许将船私自租卖别县民人。出入概由汛口挂验。康熙四十六年，准闽省渔船与商船一体往来。欲出海洋者，将十船编为一甲，取具连环保结。一船有犯，余船尽坐。桅之双、单并从其便。嗣后造船，责成船主取澳甲、户族、里长、邻右保结。倘有作奸事发，与船户同罪。康熙五十三年，复准渔船出洋，不许装载米、酒进口，亦不许装载货物，违者严加治罪。沿海等省商、渔船取具澳甲、族、邻保结，成造日由官验烙、书篷、给照。十船编为一甲，取具各船互结。商船于照内注明船主兼舵人年貌、籍贯，出洋时汛口验照放行。渔船将甲字号于大小桅篷及船旁大书深刻，照内止填船主年貌、姓名、籍贯，其舵水名数由汛口官随时查注放行"。"民间小船，俗称三板……沿海一应采捕及内河各色小船，地方官取具澳甲、邻右甘结，一体烙印编号，给票查验。如有私造、私卖及偷越出口者，俱照违禁例治罪。甲、邻不行呈报连坐。内港采捕小艇，亦照例取结编号给照，责令澳甲稽查。其内河小船无照者，设牌船尾，注明船户籍贯、年貌，责令埠头查察。若渔网户及水次搭棚趁食之人，均归就近保甲管束。"[1]

如此严格控制之下，岂有活力可言。从康熙十九年到雍正初年（1680—1723 年），尽管战火和动乱已经过去了近半个世纪，这座小岛虽然稍有人气，但仍旧持续着千百年来的寂寞。这座小岛有文可稽的主要用途，除了前文所述的采石场所之外，还长期被当作墓葬地使用。小岛西北部海滨，民众因为墓地所有权发生多次纷争，官府为确定墓地权属先后在该地树立 5 个石碑，"五个牌"遂成为该地地名。清光绪十三年（1887 年），前通商局曾在田尾路原英国领事官邸旁、土名牛脚廊一公墓立石勒碑，碑文称："鼓浪屿孤峰独耸在水中央，昔时居民寥落，厦之无茔田者，每葬于此，代远年湮，累累者渐为平地。自中外通商后，洋人爱其岛幽静可居，于是租地为室，劈山成路，然皆无碍坟墓之所……"[2]碑文中的"昔时"究竟可以上溯至何年？清光

---

[1] 周凯总纂、厦门市地方志编纂委员会办公室整理：《厦门志》，鹭江出版社 1996 年版，第 130、134、137 页。

[2] 厦门市档案局、厦门市档案馆编：《近代厦门涉外档案史料》，厦门大学出版社 1997 年版，第 343 页。

绪三十四年兴泉永道道台在拒绝英国领事馆要求购买官邸旁边的土地的一份公文中称："该地 200 年间系公共墓地。"[1] 据此推算，鼓浪屿被当作公共墓地的时间应该始于清康熙十九年（1680 年）之后。

第二节 "鼓浪洞天"

清雍正初年（1723 年）开始在全国各省全面推广"摊丁入亩"的政策，为农民离开土地、进入城市创造了有利条件。雍正五年，清王朝开放厦门洋船赴东洋、南洋（今东亚、东南亚地区）贸易，厦门岛的港口经济得到长足发展。到清乾隆三十年（1765 年），厦门岛出现了"田园日辟也，市肆日闹也，货贿财物日增而日益也，宾客商旅日集而日繁也"[2] 的繁荣景象。

厦门岛由征战之地演变为沿海通商口岸，带动了鼓浪屿的发展。但这种发展仍旧维持了传统的亦农亦渔的经济模式。除了西北部的内厝澳仍旧持续着由来已久的小规模耕作之外，在小岛的稍微平坦的地段，又开辟出少许可供耕作的园地，因而有了田尾、三丘田之类的地名。岛上稍具规模的几个村落基本沿袭中国社会聚族而居的传统。所有的居民被编为一个保。参照"一保十甲、一甲十户"的原则计算，岛上大约有百把户人家、千余口人。内厝澳、鹿礁、岩仔脚以黄姓为主，田尾一带以洪姓为主，因而民间有"黄山洪海"的传说。但也夹杂少许从原籍地前来投亲靠友的他姓居民。岛上居民沿袭了闽南民系笃信神明、多神崇

---

[1] 转引自厦门市档案局、厦门市档案馆编：《近代厦门涉外档案史料》，厦门大学出版社 1997 年版，第 342 页。

[2] 薛起凤主纂，江林宣、李熙泰整理：《鹭江志》，鹭江出版社 1998 年版，第 20 页。

拜的信俗。小小的岛屿上，有佛教的日光岩寺，有供奉三宝佛和妈祖娘娘的瑞晼庵（又名三和宫，后改法海院），还有供奉吴真人的种德宫、兴贤宫。

这一时期鼓浪屿最被称道的是瑞晼庵和日光岩寺。

瑞晼庵在三丘田海滨，原为妈祖庙。清乾隆二十五年（1760年）前后改建。有屋舍十数间，"琳宫梵宇，金碧辉煌。前殿侍天后神像，殿后高楼插汉，两旁禅室环抱。楼后园林甚宽，竹树花木缭绕周遭。登高阜以望鹭岛滨海一带，楼阁参差延袤数里，海面浮光，舳舻如织，亦一巨观也"。[1]

日光岩寺始建于明代，原名莲花庵，实际上只有一间石室。明末清初毁于战乱。清乾隆版《泉州府志》称："乾隆间僧瑞球募巡道白瀛，知县张荃，绅衿黄日纪、石以济等修建。"[2] 查考白瀛、张荃任职时间，该寺的重建时间为清乾隆九年至二十二年间（1744—1757 年）。重修后的日光岩寺成为观赏日出的绝佳去处，"四顾山罗海绕，遥指东南第一津，洪波浴日，水光接天"。[3]

清乾隆三十五年（1770 年）增编《鹭江志》第五卷收录有厦门岛"名胜八景"，"鼓浪洞天"被列为八景之八。《鹭江志》所附"鼓浪洞天"图中题诗云："纵横四里环沧海，石洞开时别一天。鸡犬桃花云水外，更从何处问神仙。"[4] 这一时期的地方典籍中关于鼓浪屿的诗文的主题，基本上没有超出上述题图诗的范围。

---

[1] 厦门图书馆校注：《嘉禾名胜记、鹭江名胜诗钞》，厦门大学出版社 2005年版，第 131 页。

[2] 怀荫布总裁：《泉州府志》卷之八《山川三》，泉州志编纂委员会办公室 1984 年影印本，第 34 页。

[3] 厦门图书馆校注：《嘉禾名胜记、鹭江名胜诗钞》，厦门大学出版社 2005年版，第 134 页。

[4] 薛起凤主纂，江林宣、李熙泰整理：《鹭江志》，鹭江出版社 1998 年版，第 138 页。

清乾隆版《鹭江志》"鼓浪洞天"图

"洞天"系指仙人所居之处。仙人所居之处固然有非常之景观，但也是清静冷僻的场所。以"鼓浪洞天"来指代这一时期的鼓浪屿，倒也相当贴切。这座小岛偏居厦门岛西南海域一隅，除了文人雅士登临游览之外，似乎无法引起更多人的关注。

清乾隆四十九年（1784 年）后，清朝廷陆续增开台湾彰化县鹿子港与晋江蚶江口对渡、台湾淡水厅八里坌与闽侯五虎门和蚶江口对渡，清道光四年（1824 年）增开彰化五条港、噶吗兰乌石港与大陆对渡。与此同时，大陆沿海与台湾之间的私渡的小港和岛屿多达数十个，[1] 厦门岛的航运优势被大大削弱。清嘉庆元年（1796 年），厦门港尚有洋行 8 家、大小商行 30 余家，洋船、商船千余艘，厦门关关课充盈。随后渐趋稀少，至清道光十二三

---

[1]　周凯总纂、厦门市地方志编纂委员会办公室整理：《厦门志》，鹭江出版社1996 年版，第 151 页。

年，仅存商行五六家，每岁饬令地方官招徕劝谕，仅有一两艘洋船通商，导致关课亏缺，连进贡朝廷的燕窝和防务所需的黑铅都不得不到广东采购。[1] 此时的厦门岛虽然保持着"商贾辐辏，帆樯云集，四方之民，杂处其间"的海滨都会的形象，但其经济活力已经受到很大的削弱。受到厦门的影响，鼓浪屿也呈现不景气的态势。这一时期编纂的《厦门志》，甚至以"沧溟大观，正不在此"为由，将包括"鼓浪洞天"在内的所谓八景、十二景摒除在志书之外。[2]

中国人文地理素来有人杰地灵的说法，"地灵"是必须靠"人杰"来验证的。在这一方面，这一时期的鼓浪屿几乎处于空白状态。从宋元丰八年（1085年）到清道光九年（1829年）的700余年里，厦门共出过25位进士、97位举人、71位贡生，其中仅有2位贡生是鼓浪屿人：一位是明成化十二年（1476年）的黄荡，后来到浙江余姚县任训导；另一位是清道光元年的林际昌，但却是从长泰县考上去的。[3] 即便是清康熙十九年（1680年）之后的相对稳定的百余年间，这座小岛上似乎没有出现过哪怕是家塾之类的最低一级的教育机构。这样的一座"神仙洞府"，难怪无法引起进士出身的周凯的兴趣了。

---

[1] 周凯总纂、厦门市地方志编纂委员会办公室整理：《厦门志》，鹭江出版社1996年版，第141页。

[2] 周凯总纂、厦门市地方志编纂委员会办公室整理：《厦门志·厦门志凡例》，鹭江出版社1996年版，第7页。

[3] 周凯总纂、厦门市地方志编纂委员会办公室整理：《厦门志》，鹭江出版社1996年版，第336、351页。

第三章

艨艟西来

第一节　明珠乍现

一、历代防务

　　道光二十一年七月初九（1841 年 8 月 26 日），一支由 36 艘战舰和运兵船、2500 余名士兵组成的英国舰队侵入厦门港，于当天中午向厦门港炮台守军发起攻击。大约 3 个小时，登陆厦门岛的战斗即告结束。

　　这场侵略战争发生之前和结束之后，英国的舰队就停泊在鼓浪屿南面的海面上。一些中外史料曾对鼓浪屿在此次战役中的作用进行过刻意渲染。由于对这座岛屿的军事地位缺乏足够深入的了解，这些渲染大都缺乏足够的事实依据。

　　从军事方面的角度分析，在冷兵器时代，尤其是对于制海能力极差的历代王朝的守军来说，这座四向沧波的小岛是军事上的死穴。从厦门岛乃至沿海大陆的防务来看，一旦发生兵警匪情，鼓浪屿即便驻有军队，要跨越滔滔海峡前往救援殊非易事。何况如此蕞尔小岛，能驻扎的军队人数极其有限，一旦险情能够威胁到驻有重兵的厦门岛或沿海大陆，鼓浪屿本身也就危在旦夕了。由于缺乏起码的屯兵养战的自然条件，这座小岛也不适合驻扎军队。当年的郑成功在无路可走的情况下曾在这座岛上做过短暂逗留，之后就一去不回头。据郑成功的部将杨英、阮旻锡所著《先王实录》、《海上见闻录定本》等回忆录，不光是郑成功，郑成功麾下的所谓七十二镇的大小将领，没有一个驻扎在鼓浪屿。因此，鼓浪屿从来就不是兵家的必争之地，也不是厦门岛乃至福建东南沿海的防务要地。清代的防务策略称鼓浪屿与厦门岛"安危共之"。所谓"安危共之"，说白了就是军事方面没有独立能力，只能依附于厦门。实际上，一旦有盗匪登陆鼓浪屿，等到厦门的水师紧摇橹桨赶到救援，盗匪早就逃之夭夭；而一旦发生足以威胁驻有重兵的同安或厦门岛的匪情，鼓浪屿驻扎的微薄的兵力也就无济于事了。总之，不管是协防还是自防，鼓浪屿的作用都是极其有限的。在厦门海域的军事部署方面，这座小岛被称为"鼓浪屿汛"，为水师五营分兵把守的 52 个汛地之一。岛上设有炖台，是厦门海域的 21 个炖台之一。炖台，又称墩台，实际上就

油画：《英军登陆鼓浪屿》

是报警台。发生警情时，守兵通过挂席鸣炮报警。按规定，"寇至百人者挂一席鸣一炮，至三百人者挂二席鸣二炮，至五百人者挂三席鸣三炮，至千人者挂五席鸣五炮，至万人者挂七席连炮传递"。[1]鼓浪屿汛由福建水师前营派 1 名"外委额外"率 40 个兵士驻守。所谓"外委"是清军中最低级别的官员，饷银与战兵一样，只不过每年有 18 两的养廉银。"外委"再加上"额外"，连养廉银的待遇也没有了。鼓浪屿在军事方面的地位由此可见一斑。岛上的炮台虽然有炮，但炮台的炮基本上没有杀伤力，只能报警。一些介绍此次战役的资料所描述的所谓鼓浪屿守军炮击英国军舰，其实只是鸣炮报警。

二、洋人登岛

清道光二十一年七月二十日（1841 年 9 月 5 日），英国舰队留下 3 艘军舰和 500 余名士兵，其余的军舰继续北上。道光二十二年七月二十四日（1842 年 8 月 29 日），中英双方签订以中方割地、赔款、开放通商口岸为主要内容的《江宁条约》，即《中英南京条约》。同年八月初二（9 月 6 日），道光皇帝批准《江宁条约》。道光二十三年七月初四（1843 年 7 月 30 日），道光皇帝批准《中英五口通商税则章程》；八月十五日（10 月 8 日），中英双方签订《虎门条约》，即《五口通商附粘善后条款》，作为《江宁条约》的附约，明文规定通商口岸一律实行五分税率。至此，开放通商口岸的所有前期工作基本完成。厦门成为条约规定的首批通商口岸之一。清道光二十三年九月十二日（1843 年 11 月 3 日），厦门开市。

根据《江宁条约》第二条，作为通商口岸厦门附城四社范围内的鼓浪屿允许英国人（后扩展为外国人）及其家眷居住、贸

[1]《二十五史·清史稿》（上），上海古籍出版社、上海书店 1986 年版，第 537 页。

易，允许英国（后扩展为外国）派设领事机构。而根据《江宁条约》第十二条，在大清王朝依照规定期限在道光二十五年（1845年）十二月全数交清所议的赔款之前，英国军队可以驻守鼓浪屿。

英国的留守舰队就停泊在鼓浪屿南端的田尾海面，不但控制了鼓浪屿，而且掌握了整个厦门海域的制海权。看惯了波光帆影的鼓浪屿人第一次看到轮船上粗大的烟囱里冒出的浓浓的黑烟，本地方言中开始出现"火船"的词汇。鼓浪洞天的静寂终于被军舰轰鸣的机器声打破。

清道光二十三年九月初四（1843年10月26日），英国首任领事纪里布到任。纪里布在田尾租了一间民房作为暂时的寓所，领事馆则设在厦门岛的兴泉永道道台署，每天由全副武装的士兵陪同，乘坐快艇往来于厦鼓海峡两岸。

留守军队则在田尾一带安下营房，士兵轮流在岸上和舰上值守。

清道光年间的鼓浪屿基本上乏善可陈。没有任何娱乐设施和商业设施，甚至没有一条现代意义上的道路。空旷之地随处可见墓冢坟堆。垃圾遍地，污水横流，卫生条件极差。大概是由于环境和心理的双重因素，许多士兵相继生病。

但是，外国人很快就发现了这座小岛的诸多好处：

首先是民情平稳。作为厦门岛的附岛，早期鼓浪屿的人文因素与厦门岛十分接近。关于厦门岛的人文，《厦门史略》有一段独到的分析："历史上，这座小岛对中原的主流政治似乎保持着若即若离、敬而远之的态度……在这座小岛开发的早期，如果不是因为受到中原或其他繁华之地政治、经济或社会等方面的挤压，一般人是不会选择这座荒岛作为人生的庇护所的……而坐落于帝国天涯海角的特殊位置，又成为这座海岛远离主流政治的合适的地理条件。唐宋时期中原主流政治浸淫的少许成果，又因为元代异族的入侵和明代的禁海政策而消失殆尽。明末清初，大清帝国在用铁骑屠刀宣告爱新觉罗氏入主中原的同时，也埋下深深的民族矛盾；奉南明政权为正朔的郑氏家族在与清王朝抗争过程中施行的横征暴敛，又使得岛民对代表中原主流政治的汉族统治者丧失了信心。清嘉庆之后，大清帝国从鼎盛走向衰落，原先被'康乾盛世'掩盖住的民族矛盾再次凸显且日益尖锐，这座海岛与中原主流政治的隔阂也日渐加深。厦门海域的居民素来靠贸易和捕鱼为生，但清嘉庆之后，厦门港的对外贸易被禁止，国内贸易和海上捕鱼又受到清政府的种种限制……繁琐严密的禁例加上地方官员借机勒索，使得岛民谋生变得困难重重……岛上没有源远流长的世家……岛民们从四面八方辗转流落到这座小岛上，初衷都是为着谋生存、求发展，而不是为着和人一较高低的。这种人口特点使得岛民们在对待外来事物方面往往表现出一种宽容、豁达的态度……尽管偏居一隅、孤悬海中，但这座小岛的岛民实际上是见识颇广的。对于海外通商，岛民们并不陌生。如果要追溯前朝历史的话，泉州刺桐港、漳州月港就是扯不完的话题；说到本朝，岛民们对于雍正、乾隆年间'商贾辐辏，帆樯云集'的繁华景象堪称是记忆犹新；即便是严禁通商的时期，岛民中也不少人偷偷摸摸地驾着船只，去和停泊在外海的番船上的洋人打交道、做生意。"[1]实际上，鼓浪屿的人文环境比厦门岛更为宽松，岛民与外国人相处甚安。一些人已经开始从外国人那里得到好处：他们的房子租给或卖给了外国人，而且价格还相当高，这在小岛的历史上可是开天辟地第一回。

其次是能确保安全。就自然条件而言，小岛横卧于漳州平原和厦门岛之间的碧波之中，东南面海域散落着浯洲、烈屿、大担、二担、浯屿、青屿等众多岛屿，构成天然的避风良港。从军

---

[1] 李启宇著：《厦门史略》，福建人民出版社2008年版，第117~120页。

事方面看，鼓浪屿地盘小，居民不多且居住分散，一个中队的兵力足以控制全岛局势。万一发生不可控事件，洋人可以随时登上停泊在田尾海面的军舰，通过浯屿水道撤往外海。

最后是景色优美。远山近海构成的壮阔奇观，巨石奇岩造就的移步易景，加上阳光、沙滩以及海风送来的阵阵清爽空气，使得这座小岛具有令人着迷的气质。清道光二十二年一月十五日（1842 年 2 月 24 日），美国归正教传教士雅裨理 (Rev. David Abeel) 和美国圣公会的传教士文惠廉 (Rev. Wm Boone) 及其夫人乘坐英国舰队的补给船来到鼓浪屿——文惠廉的夫人抵达当年便逝世，成为鼓浪屿洋人墓地最早的永久公民，文惠廉于清道光二十四年（1844 年）离开鼓浪屿到别处传教。雅裨理在田尾附近向当地人租了一间房子作为寓所兼布道场所。房子依山而建，推窗见海。雅裨理一下子就喜欢上这个小岛。他向他的同工们说："这是我多年渴望和祈求的所在。它比我以前见过的任何地方都理想。"

RESIDENCE OF REV. DR. ABEEL.
雅裨理鼓浪屿旧居

27

继雅裨理之后，又有许多商人、传教士来到鼓浪屿，并喜欢上这座小岛。

鼓浪屿这颗明珠终于被发现。可惜的是，发现这颗明珠的竟然是外国人。

第二节 近代市政建设的滥觞

一、"鹭江第一"

最早进入鼓浪屿的除了英国留守舰队的士兵、英国驻厦门领事馆首任领事纪里布、雅裨理、文惠廉夫妇之外，还有 4 个月之后应雅裨理之邀而来的医生甘明 (Dr. Cumming)。随后成为鼓浪屿早期外国居民的大部分是传教士：1843 年上岛的合文 (Hepburn)，1844 年登陆的的罗啻 (Rev. Elihu Doty)、波罗满 (Rev. William J. Pohlman)、约翰·施敦力 (Rev. John Stronach) 及其夫人、卢 (John Loyd)，1845 年进岛的布鲁文 (H.A. Brown)，1846 年抵达的毕德 (Rev. L.B. Peet)、杨为霖 (Wm. Young) 及其夫人、亚历山大·施敦力 (Alexander Stronach) 及其夫人、施敦力小姐 (Ms Stronach)，1847 年进驻的打马字 (Rev J.V.N. Talmage)，1848 年前来的海雅各 (Hyslop)，1850 至 1855 年相继到来的夏密小姐 (Harvit)、纪 (T. Gilfillan)、用雅各 (Jas Young)、宾为霖 (Wm. C.Burn)、仁信 (James Johnstone)、杜嘉德 (Carstairs Douglas) 等。

因为相信停泊在田尾海上的军舰可以提供更多的安全，进出厦门港的轮船的水手、商人一般也喜欢住在鼓浪屿。

清道光二十五年（1845 年），英国商人德滴（James Tait）在覆鼎岩海滨开设德记洋行；同年，另一位英国商人在三丘田南侧海滨开设和记洋行。道光三十年，德国人设立宝记、新利记洋行。之后，美国、荷兰、丹麦等国的商人陆续来厦门开设洋行、公司、工厂。这些工商企业很多把门面设在厦门岛，经营决策部门或主要经营者的住宅却设在鼓浪屿。

厦门港跻身国际通商港口之后，与国内沿海口岸的航运也迅速发展起来。鼓浪屿人没有让机会溜走。清咸丰八年（1858 年）间，家住岩仔脚的经营南北货物的船商黄肥怀捐资，将简陋的兴贤宫扩建为两进的宫庙，并修建了戏台。说明此时鼓浪屿民间财力已经形成一定规模。

根据清咸丰八年（1858 年）签订的《天津条约》附约《通商章程善后条约》的规定，清咸丰十一年十二月（1861 年 1 月）清政府总理各国事务衙门任命英国人李泰郭为帮办各通商口岸税务的总税务司。清同治元年三月初一（1862 年 3 月 30 日），厦门关税务司署成立，负责管理厦门对外通商事务，时称新关、洋关；原先的闽海关厦门口只管理民船贸易，时称旧关、常关。4月 1 日，厦门洋关正式开关。厦门洋关设在厦门岛。但洋关的洋人很快就发现毫无规划、又脏又乱的厦门岛根本不适宜居住。他们把目光投向对岸的鼓浪屿。

从厦门洋关的办公楼隔窗望去，可以清楚地看到鼓浪屿海滨新建的英国驻厦门领事馆。这座领事馆于清同治二年（1863 年）建成，此时，距英国首任驻厦门领事馆登上鼓浪屿已有 20 年之久。可以想象，经过如此漫长的时间的检验，英国人对于鼓浪屿的优越环境和有利条件有了充分的认识，所以把领事馆从厦门岛的兴泉永道道台署迁到鼓浪屿。应该说，英国人的选择是挺有眼光的。新建的英国领事馆位于鹿礁顶上，背后是巍巍晃岩，脚下是滔滔鹭江，耳畔十里涛声，眼前两岛风情。

随后，厦门洋关也选择了鼓浪屿。清同治四年（1865 年），洋关在鼓浪屿石墈顶及附近相继购置税务司公寓、副税务司公寓，随后又在鼓浪屿建造或购置帮办楼、海关同人俱乐部，为海上航行提供旗号的信号台也从厦门岛的白鹿洞移到鼓浪屿弥陀山，弥陀山因此改名为升旗山。

英国领事馆和厦门洋关的选择似乎起了推波助澜的作用。同治四年（1865年），美国人在三和宫附近建造领事馆；同治六年9月，厦门船坞公司在屿内开辟船坞；同治八年，奥地利在屿内设领事馆；同治九年，德国在屿内建领事馆和领事住宅……

众多的机构、企业的总部或负责人的住宅设在鼓浪屿，机构、企业的活动和经营却在厦门岛，这种状况有效刺激了两岛之间航运业的发展，从而带动了商业、饮食业、服务业的繁荣。鼓浪屿再也不是人烟稀少的神仙洞府。

鼓浪依旧，洞天不再。对于鼓浪屿的这一变化感受最深的是寓居鼓浪屿的闽县人林鍼。

英国领事馆

镌刻中的"鼓浪洞天 鹭江第一"石刻

　　林鍼在厦门开市之初就随其父在鼓浪屿洋行任职。虽然端的是洋人的饭碗，但他还保持着佛教信仰。清道光末年，林鍼开始参与日光岩寺的管理，介入寺庙的维修、扩建。作为一个对传统的中华文化相当熟悉的文人，林鍼完全理解"洞天"二字的含义。而在他的心目中，彼时的鼓浪屿已经完全没有一丝一毫"洞天"世界冷清、僻静的氛围，虽然尚不能称其人烟稠密、商贾云集，但其环境、经济影响力已经超过了厦门岛，可以称得上"鹭江第一"了。

　　根据英国著名旅行家、摄影家汤姆森（John Thomson）清同治十年（1871年）拍摄的一张处于镌刻阶段的日光岩石壁的照片，林鍼在这一年将日光岩石壁上"鼓浪洞天"的石刻改造为"鼓浪洞天　鹭江第一"，并刻上自己的姓名。"鹭江第一"的出现，标志着鼓浪屿已经完成了发展道路上的第一次蜕变。[1]

---

[1]　李启宇著：《厦门史料考据》，厦门大学出版社2013年版，第164页。

二、道路墓地基金委员会

根据鸦片战争后签订的《江宁条约》、《天津条约》等条约，外国人可以在中国的通商口岸自由居住、经商，但不享有行政管理权。鼓浪屿成为华洋杂居之地后，华人之间的土地和房屋的租用、买卖沿袭历史做法，外国人向官方或华人租用、买卖土地和房屋，应先获得所在国领事官员同意，再向清朝廷地方官员申请，之后才能签订相关契约。当时的鼓浪屿仍属于同安县嘉禾里附城四社的和凤前后社鼓浪屿保，保只是民间机构，不具备行政管理职能，更无法处理与洋人有关的种种事务。鼓浪屿的涉洋事务，由兴泉永道道台负责。但道台衙门设在厦门岛，处理事务有诸多不便。清同治十年（1871年）八月，闽浙总督在鼓浪屿设通商公所，派驻一局员专管涉洋事务。有了通商公所之后，就个人办事而言，效率稍有提高。但涉及道路、墓地等公共设施时，由于没有办理主体，很多事情无法进行。这给鼓浪屿环境的改善带来许多不便。

而在与厦门同时成为通商口岸的上海，寓居的外国人却没有遇到这样的麻烦。上海英、法租界于清咸丰四年六月（1854年7月）成立工部局，进行市政建设、治安管理、征收赋税等行政管理活动。

所谓工部局纯粹是洋文中用。英国人设立的这个机构英文为municipal council，现代的译法为"市政委员会"。清王朝的官员们对于市政之类的新名词素无所知，因为有关章程中规定的这个机构的职权一部分属清政府"六部"中的工部，故将其译为工部局。清光绪三年（1877年）六月，英、德两国驻厦门领事联名照会兴泉永道，要求在鼓浪屿设立"工务局"。照会还附有"工务局"的十条章程。从章程内容来看，"工务局"是"工部局"的另一种译法，其职能和上海外国租界的工部局大致相同，主要负责社会治安、市政设施建设和维护、征收维持工务局运转所需经费等。对于英、德两国领事的联名照会，兴泉永道道台迟迟没有答复。翌年六月，英、德两国领事以鼓浪屿社会治安出现一些问题为由，再次联名提出在鼓浪屿设立工务局的照会。在英、德两国领事看来，虽然都是通商口岸，但鼓浪屿和上海不同。上海地域辽阔，必须划出一定区域供外国人集中居住，便于管理。而鼓浪屿有天然设定的范围，已经有现成的各个条约规定允许外国人自由居住、经商，所以不必再提设立租界的事，只要设立相应的管理机构即可。但是，英、德两国领事照会不提设立租界，只提设立工务局的做法，反倒引起清朝官员的疑虑。兴泉永道道台和闽浙总督在上报清朝廷总理各国事务衙门的文件中认为外国人单拿工务局说事是有意隐瞒设立租界的企图，其野心是妄图包占鼓浪屿。总理各国事务衙门最终拒绝了英、德两国领事的联名照会。兴泉永道道台在答复照会中承诺：关于鼓浪屿的社会治安问题，兴泉永道会派员筹办。至于街道、墓地之事，则不置可否。此事当然不能全怪清朝地方官员。依照传统的做法，道路、墓地之类的事情是由民间自行办理、天然形成的。在这些官员的思想意识中，本来就没有什么市政设施、市政管理之类的概念，所以也就无法答复了。

尽管设立工务局的要求被拒绝了，但外国人并不善罢甘休。此时常住鼓浪屿的外国人已经有 300 余人，加上因为经商、航运而来的暂住人口，鼓浪屿已经初步形成外国人的生活圈子。为了满足这一生活圈子对市政设施的要求，清光绪四年（1878 年）七月，英、德领事发起组织鼓浪屿道路墓地基金委员会，开始正式介入鼓浪屿市政建设事务。

说实在话，时至今日，你仍然不能不佩服当年那些外国人不屈不挠的意志和善于"打擦边球"的智慧。尽管我们今天仍在谴责那个特殊时期西方列强对中国的侵略，但是，客观地说，当

洋人公墓值守房

年的洋人们并不是如今天有些人所说的在中国的土地上任意妄行、无法无天的。对于清朝廷不允许在鼓浪屿设立工务局的决定，他们还是不敢违抗的。他们设立的鼓浪屿道路墓地基金委员会从名称上看，似乎是以"基金"冠名的经营机构，主要业务是筹募资金来经营鼓浪屿的道路、墓地，应该是符合相关条约中允许外国人在通商口岸自由经商、办企业的规定的，因此，兴泉永道道台等地方官员也拿这个道路墓地基金委员会没有办法。

鼓浪屿道路墓地基金委员会由居住在岛上的领事官员、海关关员、传教士、医生、企业家等各界代表组成，每年选举一次。该委员会规定：外国人每人每年缴纳人头税5元、人力车每辆每年缴纳5元、其他车辆每辆每年缴纳10元、马匹每匹每年缴纳10元、墓地每处每年缴纳15元。所得款项用于鼓浪屿的道路、墓地建设。

从行政管理的角度讲，这个委员会似乎有侵犯大清王朝地方行政管理权之嫌；从城市建设的角度看，这是厦门历史上第一个由居民中的纳税人自治的城市建设的协调、管理机构，鼓浪屿的近代城市建设亦由此开端。

由于道路墓地基金委员会基本上由外国人组成，经费主要由外国人提供，早期鼓浪屿的道路基本上以连接外国人各居住区为规划原则，鼓浪屿第一个有规划、有管理的公共墓地为洋人墓地，本地人称之为番仔墓。

清光绪十六年（1890年），著名的鉴湖女侠秋瑾的祖父秋嘉禾从漳州云霄厅调任厦防同知。厦防同知的衙门在厦门岛碧山岩附近，秋嘉禾却把官邸设在鼓浪屿今泉州路的一幢欧式公寓里。说明此时鼓浪屿的居住环境已经相当诱人。到了20世纪开始的第一个年头，鼓浪屿已经有了精心修建、四通八达的道路。这些道路路面平整、排水通畅，大部分路段还种有行道树、立有以煤油为燃料的照明灯，使得鼓浪屿的街容大为改观。许多外国人在岛上建造了房子，从外国和台湾返回的许多富商把家安在鼓浪屿。就连原先一直住在道台衙署的兴泉永道道台，也在鼓浪屿谋到一座欧式楼房作为住宅，每天乘坐六桨的小艇来往于厦鼓之间。

19世纪末三丘田一带

作为寄居鼓浪屿的外国人，未得清政府首肯，径自成立带有市政管理职能的道路墓地基金委员会，似乎有点霸道。但这个"霸道"的委员会对于百姓似乎"霸"不起来。清光绪十四年（1888 年），位于石塑顶的厦门海关向本地人购买一段山地改建为税务司公馆的网球场和花园，但所购地段中有一座林姓坟墓，并不在收买之列，因此税务司公馆的花园里便一直保留着一座十分碍眼的坟墓。直到 7 年之后，海关与林家达成协议，该坟墓才得以迁移，税务司公馆才有了一座漂亮的花园。[1]

时隔百年，平心而论，仅就墓地管理一事而言，地方政府疏于管理的这座小小的海岛在厦门人口迅速膨胀的状况下不至于沦为乱坟岗，同这个委员会的有效管理是分不开的。

19 世纪 80 年代初的岩仔脚

[1]　陈煜撰：《一段无法挽回的遗憾》，载《厦门晚报》2008 年 1 月 14 日。

第三节 联通世界的桥梁

闽南沿海百姓自唐代以来就有出洋经商、务工的传统，但这种传统长期受到历代王朝人身依附关系的束缚，长期处于非法、私渡的状态。清康熙二十三年（1684年），清朝廷在厦门设立闽海关，厦门港成为对台通洋正口，但清王朝对百姓出洋仍严加控制。《大清律例》规定：严禁百姓"违禁下海、私渡台湾、迁居海岛居住"，"凡官员兵民私自出海贸易及迁徙海岛居住耕种者，具以通贼论斩"；厦门海关设立之后，严禁五百石以上船只出海；康熙四十二年允许商贾船使用双桅，但严格控制水手人数，最大船只水手不得超过28人，并设汛口严查，有"多带人数、诡名顶替"的，均按"其违犯之罪名处分"；[1] 康熙五十六年甚至颁布了出洋百姓限期归国、康熙五十六年后出洋的不许归国的禁令。康熙之后的历代皇帝基本秉承康熙的法制，视私自出国的百姓为"流民"、"汉奸"，非盗匪即弃民。清雍正五年（1727年）一度开放对南洋通商，但同时下令严防百姓借贸易机会出洋，出洋商船"如有报少载多及年貌箕斗不符者，即行拿究，保甲之人一并治罪"，回港时"如有去多回少，先将船户人等严行治罪，再将留住之人家属严加追比"[2]。

大不列颠帝国的坚船利炮在打开大清王朝紧紧锁闭的铁幕的同时，也开启了这个古老帝国走向世界的通道。在相当长的一段时间里，鼓浪屿成为闽南一带百姓的出洋中转站，成为联通世界的一座桥梁。当然，走向世界的方式、方法并不相同，在谋求生存、追求发展的过程中也伴随着风险、耻辱，甚至付出生命的代价。

---

[1] 周凯总纂、厦门市地方志编纂委员会办公室整理：《厦门志》，鹭江出版社1996年版，第130页。

[2] 转引自庄国土：《中国封建政府的华侨政策》，厦门大学出版社1989年版，第8页。

一、劳工输出

19 世纪初，西方的资本主义经济进入高速发展时期，在海外建立了许多殖民地，开发矿山、修建铁路、开发种植园等各项建设急需大量劳动力。西方列强瞄上了适应热带、亚热带气候且体力良好、吃苦耐劳的华人。第一次鸦片战争之前，西方殖民者就开始偷偷摸摸地从中国贩运劳工。尽管出国劳工在用工国家大都处在社会的最底层、承担最艰苦的劳动、取得的是最低的报酬，还有各种政治上的歧视，但这一时期的大清帝国正处于江河日下的境地，国内动乱不断、灾害频繁，成千上万的百姓挣扎在生死线上，萌生"在家等死不如到外面拼条活路"的心态，形成庞大的价格低廉的劳动力市场。劳工输出成为利润丰厚的行当。

厦门开埠之初，西方殖民者利用他们在第一次鸦片战争中攫取的外交特权为掩护，半公开地进行贩运劳工的活动。贩运者为出国劳工提供路费和途中开支，将劳工送达目的地后，转手卖给急需劳工的外国老板。外国老板则将购买劳工的费用加上利息记到劳工身上，从劳工的劳动所得中扣除。劳工将老板垫付的所有费用还清后即成为自由劳工；亦有按劳动时间计算的，即劳工无偿为老板劳作一定时间以偿还出国费用，约定时间过后即成为自由劳工。

最早从事贩卖劳工的是英国商人在鼓浪屿开设的德记洋行。清道光二十五年（1845 年）6 月，首批运往法属殖民地留尼汪岛的 180 名华工，就是由德记洋行经办的。当时的清政府严禁百姓出洋，所以这种劳工实际上可以被称为"偷渡劳工"。德记洋行的老板利用身兼西班牙、葡萄牙和荷兰三国驻厦门领事的外交特权，雇佣了一批当地人，到附近农村招收劳工，为了躲避地方官员的监察，洋行在出发前将非法招募的劳工藏匿在地下室，等到有外国轮船出港时偷偷送上船。在海上航行期间，为躲避海关和朝廷巡逻船只的巡查，劳工被藏匿在不见天日的底舱。这种偷渡劳工的贩运方式类似运送生猪，故时人称之为"卖猪仔"。当"猪仔"的人绝大多数在国内走投无路、坐以待毙，所以明知偷渡途中风险巨大、生死莫测，仍不惜以命相搏，希望搏出一条生路。贩运"猪仔"的洋行则从中大获其利。

清咸丰十年（1860年）10月，清政府与英、法等列强签订《北京条约》，并先后与列强诸国签订在华招工移民的有关章程，使得列强在华招收劳工合法化。

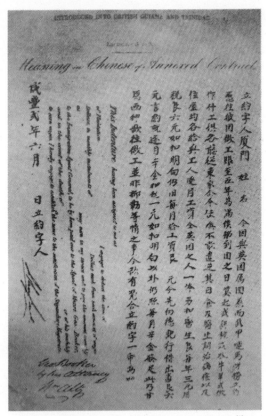

1852年德记洋行与偷渡劳工所订合约[1]

----

[1] 合约内容：立约字人厦门　姓　名　，今因与英国属国惹而武甲哩马呀捞立约，愿往彼国做工，限至五年为满，俟船到国之日算起。或耕种，或牧牛羊，或做作什工，俱各听从东家命令使唤，不敢违逆。其日食及医生调治病症以及住屋均各给与工人，逐月工资同英国之人一体。另扣医生银每年三元、厝税银六元。如扣明白仍旧每月给工资银　元。今先向德记行借出番银六元，言约就逐月本金扣起一元。如扣明白以外，仍照每月辛（薪）金发足。此乃甘愿画押，欲往做工，并非抑勒等情之事。今欲有凭，合立约字一纸为证。　咸丰二年六月　日　立约字人

与先前的"贩运猪仔"不同，这一阶段劳工出国从偷渡变成公开进行。贩运者公开张贴招工广告，与报名者事先订立契约，后人

称这种通过签订契约到海外务工的移民为"契约劳工"。但无论是"猪仔"还是"契约劳工",都是由贩运者为劳工提供途中开支,到达目的地后将劳工转手出售给外国老板,从中牟利。

贩运者为了降低成本,攫取最大的利润,通常采取两种手段。一是尽量降低运费。厦门海关税务司休士在1875年3月撰写的年度报告中指出:一些船只上的乘客(实际上就是出洋劳工)拥挤程度已经达到"没有人性和体面可言"的程度。"这些船只的甲板上是黑压压的人群,一堆一堆挤在一起,像嗡嗡喧嚷的蜜蜂群。船上没有能够容纳1/8乘客的救生船只。我可以肯定地说,一旦在离开本口岸6哩之外发生意外事故,死亡人数该是骇人听闻的。"报告说,尽管英国、美国和德国对悬挂他们国旗的船只制定了有关客运人数、必要设备等诸多规则,并严格执行。但有些国家在厦门口岸的领事是商人,并可能是某航运公司的代理人,或者与他们有利害关系,因此悬挂这些国家国旗的船只全然没有限载的必要的安全规则,而且尽管英国驻海峡殖民地(今马来西亚、新加坡等地)总督于1874年发布命令,不允许超载船只在海峡殖民地下客,但那些超载船只总是有办法把船驶到海峡殖民地之外的地方下客,"不顾这些乘客可能面临的危险,甚至简直像对待奴隶一样"[1]。另一种手段是把生活费降低到最低水平,导致许多劳工惨死途中。有的劳工不堪忍受非人待遇,在途中奋起反抗,但最终亦难逃一死。据调查,贩运一个"猪仔"的成本大约在20至40元之间,转卖给外国老板的售价则为100元,利润率高达2~5倍;贩运一个"契约劳工"的成本约为100~150元,售价则高达400~500元,利润高达3~5倍。[2]

---

[1] 戴一峰译:《近代厦门社会经济概况》,鹭江出版社1990年版,第148页。

[2] 1939年新加坡《南洋年鉴》第一回,转引自《华工出国史料汇编》第1辑,中华书局1985年版,第6页。

鼓浪屿从事劳工贩运的洋行还有宝记洋行、和记洋行等。

尽管有着极大风险，尽管付出了惨痛的代价，但是，客观地说，华工出洋从总的方面来看还是符合各方利益的。因此，清光绪三十年（1904年），美国向清政府提出续签《中美合订限制来美华工保护寓美华人条约》时，遭到全国各界的共同反对，鼓浪屿华人还到美国领事馆举行抗议活动。对于贫苦百姓来说，出洋虽然有风险，但与待在家里等死相比较，还是值得一试的。"出洋的动机不仅仅因为田园广袤，而是因为工资较高。普通的苦力每月可赚五六元，在海峡殖民地与马尼拉可以轻易地加赚一倍……但同时必须记住，移民的利益不仅在经济领域。几乎不反省、不可塑的中国人移民到新加坡（及马尼拉）受到很大的道德教益。他们被导致与善政、自由、公平的法律、公正的管理、好的路、好的教育等等接触。在这种条件下，他们兴隆发财，并产生朦胧的向往在中国必须建立同样的幸福。"[1] 华工出洋不仅对本人有好处，"年复一年，成千上万贫困阶层的人移居国外，他们中有一定比例的人又回来……许多回来的移民，尤其是少数成功者，有着较丰富的经验，较广阔和较开明的视野……他们最终将对邻近地区人民的性格和气质产生一个有益的影响"[2]。

二、游学西域

外国人进驻鼓浪屿之后，打通了这座小岛与世界各国的联系。岛上的中国居民通过多种渠道观察世界、了解世界，使得当年的鼓浪屿人成为得风气之先的先行者。

据目前已知资料，最早从鼓浪屿走向世界的鼓浪屿人是林

---

[1]　腓力普·威尔逊·毕著：*IN AND ABOUT AMOY*，陈国强译，中国基督教卫理公会出版社1912年第2版，厦门市博物馆1991年刊印，第88、89页。

[2]　戴一峰译：《近代厦门社会经济概况》，鹭江出版社1990年版，第270页。

鍼。林鍼，生于清道光四年（1824年），字景周，号留轩，祖籍闽县，自小随伯父居厦门，但我们从他参与日光岩寺的管理，可以确定他为鼓浪屿居民，起码与鼓浪屿有极为密切的关系。有史料称他"素习番语，译文为各国所重"，"奉委经理通商事务"。道光二十七年接受美商聘请，前往美国教授中文。道光二十九年二月返厦。同年五月刊印《西海纪游草》[1]一书，是中国近代第一部访问西方国家的纪游作品。

《西海纪游草》包含一篇题为"西海纪游诗"的百句五言古风、一篇《西海纪游自序》和一篇《救回被诱潮人记》，并附有一篇《附记先祖妣节孝事略》，正文前有左宗棠、徐继畲等官员的题记、序跋、题诗数十篇。林鍼在记游诗和自序中记述了在纽约耳闻目睹的美国社会、民俗、科技、法律、选举等方面的情况，第一次向国人介绍电报、幻灯、摄影、自来水、避雷器等新鲜事物。林鍼自称"往日之观天坐井，语判齐东；年

《西海纪游草》插图

[1] 林鍼著、杨国桢校注，《走向世界丛书》，岳麓书社1985年版。

来只测海窥蠡，气吞泰岱"。意思是往日看世界有如坐井观天，说些没有见识的话语；到纽约一年多所看到的好像是观测大海但只看到海边的贝壳，其气势已经足以盖过泰山。

鼓浪屿人认识世界、融入世界的另一个途径是游学。传教士通过教会学校以及自身在国外的关系，搭建起鼓浪屿学子与世界沟通的桥梁。考虑到鼓浪屿在闽南基督教事业中的始发和中心地位，教育事业覆盖区域远远超出鼓浪屿，这座小岛的世界性就显得更为突出。目前，我们可以追溯得到的这方面的最早的先驱者是周摩西。他于清光绪二十七年（1901 年）到英国布拉福德大学进修文学与神学专业，随后到德国柏林大学继续深造并获得哲学博士学位，毕业后被英国基尔福基督教公理会授予教职，清宣统三年（1911 年）被北京大学聘为哲学教授。[1] 由于年代久远，我们对于周摩西的了解实在太少。但在周摩西之后，还有一长串从鼓浪屿走向世界的名单：语言学家周辨明、天文学家余青松、微生物学家白施恩、妇产科专家林巧稚和何碧辉、音乐家周淑安、音乐家林俊卿、园艺学家李来荣、考古学家郑德坤、海洋学家曾呈奎、病毒学家黄祯祥、生化博士陈慰中、化学家卓仁禧……都有从鼓浪屿起步、到国外大学深造的经历。毕业于鼓浪屿寻源中学的林语堂更是以"两脚踏东西世界，一心评宇宙文章"闻名于世。鼓浪屿成为许多出身未必显赫，但却志向远大、不屈不挠向上攀登的普通人走向世界的跳板。

三、机缘巧合

有一句话应该是不错的：鼓浪屿的世界成就了世界的鼓浪屿。世界性的人居组合使得鼓浪屿的机缘巧合也具有世界性的特点。

---

[1] 腓力普·威尔逊·毕著：*IN AND ABOUT AMOY*，陈国强译，中国基督教卫理公会出版社 1912 年第 2 版，厦门市博物馆 1991 年刊印，第 42 页。

清道光二十五年（1845 年），时任英国驻厦门领事李泰郭（George Tradseent Lry）的夫人看到被放在箩筐中随父亲沿街叫卖食品的吕文经，顿生怜爱之心，将其收为养子。吕文经后被带到英国、苏格兰接受教育，20 岁时回到中国，在海军服役，后成为著名的伏波舰的管带即舰长。李鸿章出使外国时被召为重要幕僚。

清光绪二十年（1894 年），同安石浔两个十一二岁的吴姓娃娃手攥 3 枚铜板来到厦门谋生，后来在厦鼓之间摇双桨船。十八九岁那年，两兄弟送一个荷兰人过渡到鼓浪屿。客人上岸后，两兄弟发现客人把一个皮包遗忘在船上，连忙重新靠岸。老大拿着皮包，一直追到升旗山，把皮包还给荷兰人。因为皮包里的文件极其重要，荷兰人感激不尽。后来便介绍了很多生意给这两个"诚实的年轻人"。吴姓两兄弟后来成为荷兰一家轮船公司的代理，成为遐迩闻名的富商。这就是厦门大名鼎鼎的"天一楼"主人发家的故事。

20 世纪初，一个为了躲避瘟疫被母亲带到鼓浪屿的穷孩子，因为母亲在教会学校当工友，获得免费进幼稚园、教会学校的机会，后来成为博士，成为福建协和大学农学院院长、福建农学院院长，这就是著名园艺学家李来荣的传奇经历。

在鼓浪屿，类似的机缘巧合的事例还有很多：某人因为结识某个先生娘成为医生，某人因为某个牧师的举荐得到很好的职业，某人因为某个老师的赏识得以出国深造，某人因为参加唱诗团而爱上音乐并成为音乐家……应该说，任何一种偶然的机缘巧合都有其内在的必然因素。一个向世界开放的鼓浪屿才能有走向世界的机缘巧合。许多人正是因为踏上鼓浪屿这座联通世界的岛屿，才获得走向世界的机会。

第四章

耶教初渡

第一节　第一块踏板

清道光二十二年（1842年）2月24日，美国归正教会传教士雅裨理搭乘英国海军的舰艇踏上鼓浪屿。

按照中国传统历法，这一天是正月十五，正是中国传统的元宵节。田尾一带稀稀疏疏的几户居民正忙着过节，根本没有去理会这个新来的洋人，更不会意识到：从这一天开始，鼓浪屿成为基督教入闽传教的第一块踏板。

雅裨理

一、布道维艰

耶教即基督教。基督教有广义和狭义之分。广义的基督教包括天主教、东正教和后来的基督新教等。1517年马丁·路德进行宗教改革后，从罗马天主教分离出来的基督新教即狭义的基督教。

鼓浪屿人对于"拜上帝"的洋人却并不陌生。明天启五年（1625年），最早谴责在鼓浪屿采石的厦门名士池显方就和当时到福州传教的意大利天主教传教士艾儒略（号思及）有过诗文交往。[1]明末清初逐浪厦门、鼓浪屿海域的郑芝龙、郑成功父子就信奉天主教。尽管清康熙后期开始了长达百余年的禁教，但鼓浪屿人还是可以通过海上渠道得知这种洋人的"拜拜"。但是，知道归知道，要中国人信奉这种漂洋过海而来的洋教并非易事。特别是按照基督教的教义，信奉基督教之后，就再也不能祭拜其他偶像，即便是自己的祖宗也不例外。一些早期信奉基督教的华人教徒因此被从聚族而居的村落里驱逐出境。传教士布道的难度之大可想而知。

时至今日，当年的传教士知难而进的勇气依旧令人钦佩。雅裨理在鼓浪屿现中华路赁屋而居。上岛第二天就在鼓浪屿开始布道。这是近代踏上鼓浪屿的第一个传教士的第一场布道，听众只有几位英国水兵。

清道光二十二年（1842年）3月3日，雅裨理涉海而过，在厦门岛寮仔后街头进行首次布道。但是，雅裨理的努力没有得到回应。市井小民忙的是生计，顾不了什么上帝与创世纪、耶稣与圣经，甚至不考虑死后上天堂还是下地狱。

但是，雅裨理并不灰心，整整等了12年才得到进入大清王国传教的机会，他是不会轻易放弃的。雅裨理仍旧定期从鼓浪屿乘船到厦门岛，或者在街头大声诵读圣经，或者行走在街巷里，轻轻敲打一扇扇紧闭的大门，耐着性子寻找愿意听他的布道的中国人。

两年之后，清道光二十四年（1844年）6月，归正教的另外

---

[1] 池显方撰、厦门市图书馆校注：《晃岩集》，厦门大学出版社2009年版，第105页。

两位牧师波罗满（Rev. William J. Pohlman）与罗啻 (Rev. Elihu Doty) 到达鼓浪屿，加入了雅裨理的行列。

又过了两年，清道光二十六年（1846 年）4 月 5 日，年过七旬的王福桂和年过六旬的刘恩舍由波罗满牧师施洗，成为福建省第一批受洗的基督徒。此时，距 1814 年马礼逊在广州为印刷刻板工、"中华第一信徒"蔡高施洗已经 32 年。而最早踏上鼓浪屿的雅裨理此时因为身患重病已经回到纽约，并在 5 个月之后长眠故土。

虽然已经有了最早的两名信徒，但基督教的传播仍旧举步维艰。直到清道光二十九年（1849 年）才新增 3 个受洗者，其中由罗啻牧师施洗的 64 岁的寡妇黄氏新是福建省第一个女基督徒。之后每年的受洗者都是个位数，最少的 2 人，最多的 8 人。直至清咸丰四年（1854 年）才增至 42 人。翌年，美国归正教会租用岩仔脚黄家厝的房屋作为教堂。[1]

此后，经过 30 年的努力，到清光绪十一年（1885 年），三公会（美国归正教会、英国伦敦会、英国长老会）的受圣餐者增加到 2593 人。清宣统二年（1910 年），传教士的努力得到极佳的回报。这一年，三公会的受圣餐者人数达到 7686 人，施洗儿童达到 4658 人。[2] 民国 25 年（1936 年）年底，由大布道家宋尚节博士主持的中华基督教全国第二次查经大会在鼓浪屿尚未完全竣工的三一堂举行，其间还在英华中学举行广场布道。布道会盛况空前，共有 6000 余人参加。鼓浪屿基督教的事工声名大振。

让鼓浪屿的外国传教士们觉得更为宽慰的是华人牧师的培养。在他们亲身体验到中国的幅员广阔、人口众多之后，更加真

[1] 郭湖生等主编：《中国近代建筑总览·厦门篇》，中国建筑工业出版社 1993 年版，第 90 页。

[2] 腓力普·威尔逊·毕著：*IN AND ABOUT AMOY*，陈国强译，中国基督教卫理公会出版社 1912 年第 2 版，厦门市博物馆 1991 年刊印，第 180、174 页。

切地认识到要在这个国度传播福音，还是要依靠中国人自己的传教士。所以，鼓浪屿的外国传教士们在传教工作步入正轨之后就开始培养华人牧师。但是，要在基督教的一张白纸之处培养出在文化、教义、为人方面都合乎要求的华人牧师又谈何容易。传教士们并不着急。他们耐着性子，从办小学开始，从中物色人才；又在屿内创办神学院，加以悉心培养。整整经过 20 年的努力，终于培养出第一批华人牧师。清同治二年（1863 年）11 月 4 日，在同一天里，罗嘉鱼（罗罩）被按立为新街堂第一任华人牧师，叶汉章（冠贤）被按立为竹树堂第一任华人牧师。这是三公会按立的最早的华人牧师，也是厦门乃至福建最早的华人牧师。据《闽南中华基督教会简史》载，漳泉大会时代（1863—1892 年）按立了 18 位华人牧师。总会时代泉属大会（1893—1920 年）按立了 27 位华人牧师，总会时代漳泉大会（1894—1920 年）按立了 17 位华人牧师。

二、传宗立派

因为雅裨理的捷足先登，鼓浪屿成为美国归正教会在中国传教的 headquarter（总部）。清道光二十四年（1844 年）7 月 4 日，约翰·施敦力（Rev. John Stronach）牧师夫妇抵达鼓浪屿，这是英国伦敦会（London Missionary Society）入闽传教之始。清道光三十年和清咸丰元年（1850、1851 年），英国长老会的用雅各医生和宾为霖牧师来到鼓浪屿。至此，被称为三公会的美国归正教会、英国伦敦会、英国长老会悉数到齐。

清道光二十四年（1844 年）7 月，英国伦敦会的约翰·施敦力夫妇在和记崎购地建造 3 幢楼房，创办福音小学。其中一幢的一楼设为福音堂，[1] 这应该是鼓浪屿最早的专设礼拜场所。

---

[1] 张侃撰：《鼓浪屿 CATHERINE STRONACH 墓碑考略》，载《人文国际》第 4 辑，厦门大学出版社 2012 年版，第 169 页。

与鼓浪屿一水之隔的厦门的礼拜堂的建设要早于鼓浪屿。清道光二十七年（1847年）9月，王福桂将新街仔的一块地卖给教会，另一说是王福桂以50美元买下这块地捐赠给教会，用于建造教堂。清道光二十九年2月11日，"新街礼拜堂"举行献堂典礼。这座教堂被称为"中华第一圣堂"。"中华第一圣堂"虽然屹立在厦门，但却是鼓浪屿传

福音小学遗址

波罗满捐建的新街礼拜堂被称为"中华第一圣堂"

教士的最为重要的事工。波罗满牧师不仅向美国募捐3000美元建造经费，而且亲自参与教堂的设计和监工。同样由鼓浪屿的传教士主持建造的基督教教堂还有清咸丰九年（1859年）建成的竹树下礼拜堂和清同治元年（1862年）建成的关隘内礼拜堂。

清同治二年（1863年），三公会在鹿耳礁（今福建路）建英国礼拜堂，由英美教会的牧师用英语讲道，是岛上洋人专用礼拜堂。清宣统三年（1911年）翻建后改称协和礼拜堂，也对华人开

协和礼拜堂

放。协和礼拜堂应该是鼓浪屿最早建成的礼拜堂。

清光绪六年（1880年），英国长老会在鸡母嘴口（现泉州路与鸡山路交叉处的"林屋"）建成"新礼拜堂"，和记崎的福音堂随即迁入。"新礼拜堂"又称"杜嘉德纪念堂"，系纪念杜嘉德来鼓浪屿传教22周年。[1]

清光绪二十七年（1901年），福音堂在晃岩路破土动工，光绪二十九年建成。这座教堂由厦门泰山口、关隘内两堂倡建，由华人信徒自筹资金，可容纳1000人左右。可见此时到鼓浪屿做礼拜的三公会的基督教信徒已经达到1000人左右。林温人被立为鼓浪屿堂会的第一位华人会正。次年，陈秋卿成为福音堂第一位华人牧师。陈秋卿的牧师娘周淑俭，是英国伦敦公会的首位华人牧师周之德的女儿，她热心儿童音乐教育，对鼓浪屿音乐氛围的形成有着杰出的贡献。民国15年（1926年），福音堂经厦门区会审批为"鼓浪屿堂会"，成为华人自治、自养、自传的堂会。

---

[1] 厦门市档案局、厦门市档案馆编：《近代厦门涉外档案史料》，厦门大学出版社1997年版，第674页。

民国 23 年（1934 年），厦门新街、竹树下和厦门港三个堂会在安海路兴建 三一堂。堂名蕴含圣父、圣子、圣灵三位一体的教义，亦寓意为三个教会联合兴建之意。三一堂的建堂费用由教友个人认捐、集体奉献和公会补助，其中美国归正教会拨款 4000 块大洋、英国长老会拨款 14000 块大洋。[1] 三一堂的兴建说明此时鼓浪屿三公会的基督教信徒已经超过 2000 人。

三一堂

在三公会取得长足发展的同时，美国基督复临安息日会华人传教士郑提摩太于清光绪三十年（1904 年）进入鼓浪屿。安息日会影响最大的人物是光绪三十二年 3 月抵达的美国人安理纯夫妇。他们起初租乌埭路民房（现泉州路 81 号）设立布道所、创办神道学校，光绪三十三年在厦门成立教会。清宣统二年（1910年）在鼓浪屿成立基督复临安息日会闽南区会，隶属于基督复临

---

[1]　中共厦门市委宣传部、厦门市社会科学界联合会编：《口述历史——我的鼓浪屿往事》，厦门音像出版有限公司 2011 年版，第 142 页。

安息日会华南联合会。从清光绪三十四年开始，安理纯牧师贡献自己多年的积蓄，在五个牌（现鼓浪别墅一带）海边购买土地，建设校舍。这就是后来的美华中学。美华中学建有奶牛场，饲养数十头荷兰奶牛。安理纯牧师娘还教女学生刺秀，制作精美桌布与枕头销往美国，将辛苦积攒下来的资金建成美华女子学校。民国 23 年（1934 年），这所学校终于在鼓浪屿鸡母山下落成，命名"安献楼"，意为安理纯夫妇献给上帝的楼堂。

清宣统二年（1910 年），基督教青年会代表麦志坚来到鼓浪屿，其会址设在鼓浪屿协和礼拜堂。在 20 世纪上半叶，青年会以在青年中开展德、智、体、群四育事业，尤其以推广体育活动著称，其会训"非以役人，乃役于人"在厦、鼓两岛曾广为传播。

曾在鼓浪屿留下痕迹的基督教宗派还有：美国圣公会，该派的文惠廉牧师与雅裨理同时到达鼓浪屿，在厦门活动了两年（1842—1844 年）后转往上海；美国长老会，该会的布恩牧师清

安献楼

道光二十二年（1842 年）6 月就来到鼓浪屿，但只待了 6 个月，之后几年又先后来了几位牧师和医生，两三年后转到其他地区；鼓浪屿真耶稣教会，该会由华人教徒成立于民国 11 年（1922 年）；鼓浪屿基督徒聚会处，也由华人组建，成立于民国 19 年。

鼓浪屿是基督教宗派林立的地方，同时也是中国教会合一运动的发起之地。清同治元年（1862 年），英国长老会和美国归正教会联合成立"泉漳长老大会"。清光绪二十年（1894 年）改称"闽南长老总会"。民国 7 年（1918 年），三公会在鼓浪屿成立"中华基督教闽南合一会"，宗旨为"联络闽南基督教会，合力进行，共图自养、自治、自传之教会"。民国 15 年，闽南合一会被中华基督教会全国总会闽南大会取代。[1]

民国 35 年（1946 年）1 月，厦门市开展"外国教会概况调查"。在这次调查中形成的英国伦敦会、英国长老会和美国归正教会的调查表的"附注"栏均注明："查美国归正教会及英国伦敦会、英国长老会等初期来华设堂传教，所有我国教友皆属该外国教会。然 30 年前，该会等已议决我国教会经济及人事完全独立，改为中华基督教会，故现各教堂皆称为'中华基督教会某某堂会'字样，而各礼拜堂所属教徒，皆须领受该堂我国籍之牧师洗礼之仪式。该外国教会在华只存机构，派少许工作人员协助我国教会发展……"[2] 说明中华基督教闽南教会的成立不但实现了闽南基督教会的统一，而且实现了基督教在闽南的"自养、自治、自传"。

天主教在清道光三十年（1850 年）前后重返厦门。多明我会传教士林方济也选择了鼓浪屿。先在田尾租用民房，不久迁到

---

[1] 厦门市地方志编纂委员会办公室编：《厦门市志》第 5 册，方志出版社 2004 年版，第 3615 页。

[2] 厦门市档案局、厦门市档案馆编：《近代厦门涉外档案史料》，厦门大学出版社 1997 年版，第 682、685、687 页。

鹿耳礁西班牙领事馆。鼓浪屿的天主教教区原属福建代牧区，由福州的主教管辖。清光绪九年（1883年）改属福建南代牧区，由厦门的主教管辖。至清光绪十七年，福建南代牧区的天主教徒人数达2623人，[1]其中屿内教徒约一两百人。民国2年（1913年）设天主教多明我会厦门教区，多明我会会所设在鼓浪屿田尾路，教区座堂设

1917年建成的鹿礁路天主教堂

在厦门天主堂。民国6年在鹿礁路兴建一座哥特式教堂作为教区主教座堂，多明我会会所改设厦门天主堂。1949年前后，屿内天主教徒有两三百人。天主教从进入鼓浪屿开始就一直由外国传教士担任主教和天主堂本堂，直至1953年9月才改变这一状况。

经历了一个多世纪的风风雨雨，如今的鼓浪屿仍伫立着协和堂、天主堂、福音堂、三一堂、安献堂、复兴堂等教堂，成为鼓浪屿抹不去的记忆。

---

[1]　戴一峰译：《近代厦门社会经济概况》，鹭江出版社1990年版，第292页。

三、扬帆闽台

由于鼓浪屿的特殊地位，这座小岛成为基督教传教士们的落脚点，又成为他们的出发点。传教士们一次又一次地从这里起航，进入闽南，并一度跨洋过海，抵达台湾。

最早走出鼓浪屿的是英国长老会。清咸丰三年（1853年），宾为霖牧师与新街堂会友林德全等赴漳州白水营布道。随后，仁信牧师、归正教会罗啻、打马字等人相继而至。翌年年底便成立白水营教会。[1] 英国长老会以白水营教会为据点，逐步扩展到漳浦、云霄、诏安、东山等处。清咸丰六年，杜嘉德牧师乘"福音船"到安海布道。整整花了4年的时间，终于用微笑融化了坚硬的心肠。咸丰十年，杜嘉德在安海为郑爽、郑垣、陈强伯、陈君殊、施洗、吴江等贫寒者施洗。[2] 清同治元年（1862年），英国长老会在白水营成立厦门之外的第一个堂会。清光绪二年（1876年）聘陈宣令为牧师，为英国长老会首任华人牧师。[3] 清同治十年，英国长老会在安海建立泉州地区的第一个堂会。此后，英国长老会的教务拓展到泉州、永春、安溪、南安、德化和同属闽南语系的汕头、潮州、汕尾等地。[4]

清咸丰四年（1854年），英国伦敦会派林贞会、庄善语、许纯嘏等往同安灌口传教，后在灌口置地建教堂；清同治四年（1865年），伦敦会派人赴惠安传教，后于清光绪二年（1876年）在惠安县城城隍口购地建教堂。此后，伦敦会的传教范围主要在漳州北溪流域的龙溪、华安县、安溪、龙岩、漳平、宁洋一

---

[1] 《闽南中华基督教会简史》之《闽南教会初期简史》，第7页。

[2] 《安海教会150周年专刊》。

[3] 《闽南中华基督教会简史》之《南方教会史略》，第2页。

[4] 《安海教会150周年专刊》。

带。[1]清光绪二十二年，伦敦会派周之德牧师前往汀州传教。[2]

美国归正教会主要的活动范围为厦门岛、同安及漳辖西溪一带。清咸丰五年（1855年），美国归正教会牧师罗啻、打马字前往石码传教，当年便成立石码教会。之后，归正教会沿九龙江而上，清同治四年（1865年）在漳州城内购地建教堂，同治十年成立堂会。清同治五年，打马字、汲澧澜等牧师派黄和成、郑国棵2位传道到同安双圳头叶姓大厝设立传道所；清光绪三年（1877年），归正教的教务拓展到安溪的坂头、西坪一带；清光绪十四年，林至诚往同安县城传道，3年后分设堂会，林至诚被聘为牧师。[3]

清咸丰十年（1860年），杜嘉德到台湾访问。他发现台湾人大都讲闽南语，感到非常意外与兴奋。清同治三年（1864年），在杜嘉德的呼吁下，英国长老会派马雅各博士（J.L.Maxwell）到鼓浪屿学习闽南语。同治四年5月，杜嘉德、马雅各、魏礼带领3名厦门信徒前往台湾淡水一带，拉开了近代台湾宣教的序幕。

第二节　古屿西风

一、现代医疗

雅裨理登上鼓浪屿之时，正值春寒料峭的季节，因为气候和卫生条件不好，很多人生病。雅裨理亲眼看到有的病人到庙里去

---

[1]　吴炳耀撰：《百年来的闽南基督教会》，载《厦门文史资料》第13辑，第88页。

[2]　周之德编：《闽南伦敦会基督教史》，闽南大会民国23年版，第6页。

[3]　吴炳耀撰：《百年来的闽南基督教会》，载《厦门文史资料》第13辑，第85页。

求香灰治病，有的人则听任病魔肆虐。尽管雅裨理曾一度学医，当传教士后也曾进修过医学，但未取得行医资格的他不敢冒昧行医。雅裨理就给在新加坡的好友甘明医生写了一封信，请他尽快来厦门。清道光二十二年（1842年）6月，甘明医生搭乘英国舰队的舰只来到鼓浪屿与雅裨理会合，在住所里办起诊所。这是西方现代医疗进入厦门之始。道光二十三年，美国长老会合文加入诊所工作。

为了替更多的人治病——当然也为了让更多的人知道信仰基督的好处，清道光二十四年（1844年）1月，他们把诊所迁到厦门岛寮仔后妈祖宫即潮源宫附近，同年2月1日到翌年7月1日，诊所共收治病人1862例。道光三十年后，诊所由英国长老会的用雅各、嘉约翰（Dr. John Carnegie）和自由教会的海斯伯格（Hischberg）主持。清同治元年（1862年），炯斯（Dr. Jone）和嘉约翰将诊所迁到大使巷旗昌洋行旁边。同治十年接替嘉约翰的英籍医生派特立克·梅逊（Patrick Manson）在这个诊所工作期间第一个发现蚊子是疟疾寄生菌的宿主因而能传播疟疾，为防治疟疾作出重要的贡献。清光绪九年（1883年），英国长老会的玛丽丝（A.L.Macleish）把诊所迁到竹树下，改称竹树下医馆，因为是平和小溪保赤医院的分院，故也称保赤医院。

尽管教会从来没有停止过办医院和诊所的努力，但直到清光绪二十四年（1898年）郁约翰创办鼓浪屿救世医院前，应该说厦门还没有出现真正现代意义上的正规医院。

清光绪十二年（1886年），一个荷兰孤儿院的小姑娘将生日前一天她叔叔送给她作为生日礼物的两枚半个荷兰便士放在美国归正教会传教士郁约翰的手中，对他说："给那些生病的中国小孩！"正是这两枚半个荷兰便士让郁约翰下定决心，义无反顾地奔赴中国。光绪十五年，郁约翰在平和县小溪创办保赤医院。光绪二十三年美国归正教会决定在鼓浪屿开办一座新的医院。翌年

4月，闽南第一座现代意义上的正规医院救世医院在鼓浪屿河仔下（现三丘田码头附近）落成。两层、砖木结构，濒水而立，涨潮时三面环水，由郁约翰亲手设计并亲自监工的救世医院简朴、美观、实用。"内设有教堂、食堂、厨房、两间仆人房、办公室、药房、透视室、四间学生房、七间病房，共有四十五张病床。"[1]

郁约翰主持下的救世医院创造了几个第一：清光绪二十八年（1902年），创办闽南首家附设医学专科学校，学制五年，培养当地医学人才；光绪三十一年，创办福建首座妇女医院，医院全称为救世男女医院（Hope & Wilhemina Hospital）。妇女医院因为得到荷兰女皇威赫敏娜

救世医院

---

[1]　Tom Dekker 撰：*A BIG LITTLE MAN*，詹朝霞节译。

（Wilhemina）的资助，又命名为威赫敏娜医院（Wilhemina Hospital）；因为中国的妇女不肯让男医生看病，更不愿意让男医生接生，郁约翰为此创办了一个"护士之家"，目的是培训女护士，特别是女助产士，这是中国最早的护士组织；因为有"护士之家"的基础，清宣统元年（1909年）来自全国各地的外国护士在鼓浪屿召开会议，选出兼职的主

救世女医馆

席和秘书，这就是中华护士会的前身。

郁约翰去世后，救世医院仍旧是厦门乃至闽南医学教育的中心。民国15年（1926年），救世医院开办护士专科学校，这是闽南第一家培养护士的专科学校。医学专科学校至民国21年培养了6届毕业生共40人，成为闽南华人西医的中坚力量，为现代医疗技术在闽南的推广作出重要贡献。《清季闽南基督教会研究》指出："中国对外开放以前，国人对西方事物并不了解，反之疑惑极多。就医疗事业而言，闽南人误会传教士借着医疗工作作恶者，多不胜数，令医疗传教事业几陷困窘；幸而，由教会培训出来之华人西医，始终是中国人，遭遇的猜忌相对较少，正好填补这方面的信心。"[1]

---

[1]《清季闽南基督教会研究》，第97页。

闽南在现代医疗技术方面最早得风气之先，较早推广牛痘接种预防天花、设立检疫所控制鼠疫蔓延、将霍乱列为海港检疫疾病之一以及开展对疟疾、血吸虫病、钩虫病、血丝虫病等疾病的防治，无不得益于基督教会将传播现代医疗技术列为宣教事工的最重要的内容。

二、现代教育

清道光二十四年（1844年）7月，伦敦会约翰·施敦力夫妇在鼓浪屿和记崎创办福音小学，这是福建省教会创办学堂之始。

随后，美国归正教会毕德牧师清道光二十六年（1846年）在寮仔后创办厦门第一所新式小学，英国伦敦会的杨为霖夫人道光二十七年在寮仔后创办第一所女子学校。但传教士们很快就发现办学是极为困难的。传统的中国式教育除了蒙童阶段的识字之外，都是由官府控制的，读书就是为了博取功名。这就是所谓的"学成文武艺，货与帝王家"。尽管当时的厦门已经成为国际通商港口，但这种教育理念还是根深蒂固的。本地人几乎没有人愿意进教会学校读书，即便是免收学费，甚至免费供给食宿，也只有外地少数贫困人家把孩子送到教会学校。在厦门岛沿海的码头市井区域，谣言、诽谤传播的速度快得惊人，关于教会学校花大本钱招生其实是为了拐卖小孩甚至是为了挖眼睛制药的流言几乎使得教会学校无法立足。

清咸丰十年（1860年）之后，鼓浪屿成为洋人们青睐的宜居之地。热衷办学的传教士们很快就发现鼓浪屿也是办学的极好去处：一是鼓浪屿传统的文化根基较为薄弱，观念方面的阻力相对较小；二是环境清静，很少受到外界干扰。传教士们办学的热情开始在鼓浪屿释放。下面这个不一定完整的记录可以说明这一点：

清咸丰十年（1860年）前后，归正教会在安海路办回澜圣道学院，又称"回澜斋"，伦敦会在福音小学办观澜圣道学校，又称"观澜斋"，清光绪三十三年（1907年）合并为回澜圣道学院，为厦门最早的高等学院；

清光绪二年（1876年），英国长老会倪为林牧师娘与吴罗宾牧师娘在乌埭角办乌埭女学，又称红毛女学，清宣统二年（1910年）仁历西（M.B.Mac Grgor）主理时募建校舍竣工，为纪念仁历西，改名怀仁学校，后分设怀仁小学及怀仁女学校附中师范；

清光绪六年（1880年），马利亚·打马字在田尾开办女学，时称田尾女学堂，光绪十五年开设英语课，后改称毓德小学，民国10年（1921年）在寻源中学原址设毓德女中；

毓德女子中学

清光绪七年（1881年）美国归正教会和英国长老会于田尾创办寻源斋，光绪十五年移东山仔顶，光绪三十三年将伦敦会所办澄碧中学并入，改为闽南寻源书院，与回澜圣道学院同为厦门最早的高等学院，民国5年（1916年）高年级部分并入福建协和大学，改称寻源中学堂；

清光绪十二年（1886年），美国归正教会打马字牧师的大女儿清洁·打马字（Katherine Talmage）创办田尾妇女福音学堂，简称田尾妇学堂，专收已婚妇女；

清光绪十五年（1889年），清洁·打马字创办田尾小学，光绪二十一年改称养元小学；

清光绪二十四年（1898年），伦敦公会的山雅各牧师（Rev. James Sadler）在鼓浪屿荔枝宅附近创办英华书院，又称中西学堂，光绪二十六年交大英长老会管理，民国13年（1924年）改

1920年前后的英华书院，校园中尚有未迁坟墓

19世纪末幼稚园幼童

为英华中学；

清光绪二十四年（1898年），伦敦公会在乌埭角创办民立小学，清宣统元年（1909年）与福音小学合并为福民小学；

清光绪二十四年（1898年），英国长老会牧师韦振玉夫人在岩仔脚创办全国第一所幼儿园怀德幼稚园；光绪二十六年创办福建最早的幼儿师范教育机构怀德幼儿师范学校；

清光绪三十二年（1906年），安息日会安理纯在泉州路创办育粹小学，后在鼓声路自建校舍，改称美华小学，民国23年（1934年）扩建美华女校；

民国9年（1920年），天主教马守仁在鹿耳礁创办维正小学……[1]

传教士们开办学校，基本出发点当然是为了传教。尤其是早期的教会学校，非常注重的就是通过教会学校传播宗教知识，培养信众，并从中发现和培养华人牧师和传道者。比如三公会早期

---

[1]　厦门市文献委员会编、厦门市地方志编纂委员会办公室整理：民国《厦门市志》稿，方志出版社1999年版，第308~327页；政协厦门市委员会文史资料研究委员会编：《厦门的租界》，鹭江出版社1990年版，第51~56页。

创办的回澜圣道学院和寻源书院就培养出林语堂父亲林至诚、周淑俭父亲周之德以及陈秋卿、许声炎、吴封波、陈甘泉、林温人、郑法力、许嘉会、林贞会、蔡育之、陈宣令、张益三、郑鹏程等人，成为闽南各地堂会的骨干。

但教会学校毕竟把现代教育的理念带到了鼓浪屿，特别是清朝廷于光绪二十八年（1902 年）开始倡办新式学堂、光绪三十一年宣布"废科举，兴学堂"之后，这座小岛凭借教会学校几十年间打下的基础，成为厦门乃至闽南现代教育的重镇。清光绪十一年，三公会在厦门地区所办教会学校有 35 所、男女学生 380 余人。清宣统二年（1910 年）发展为小学 139 所、学生 3258 人，女子小学 16 所、学生 282 人，成年女学 5 所、学生 95 人，中学 2 所、学生 239 人，幼儿园 3 所、园童 140 人。[1] 而在闽南地区，长老会办的学校有学生 4124 人，归正教会有 3798 人，伦敦会有 2057 人，共计 9979 人。[2] 这些分布在闽南广袤乡村间的教会学校，都是由鼓浪屿的传教士们创办并掌控的。

但是，传教士们也知道，要让中国人相信新式学校，不能离开中国人。因此，他们相当注意从中国人中吸收和培养教师。英华书院的首任主理即院长金禧甫一上任，就从新加坡邀请郑柏年到书院任舍监，后来成为英华中学的首任华人校长。黄省堂、王世铨等学业优秀的学生，从英华书院毕业后，就被留在书院里当教师。民国 14 年（1925 年）10 月，全国教育会联合会通过取缔外国人在国内办理教育事业的决议后，鼓浪屿教会学校逐步摆脱由外国教会提供资金、由外国人控制的状况，转为由华人组织学校董事会、由华人担任校长的格局。由厦门市政府、华侨创办的女子师范学校、高等女学、慈勤女学、闽南职业中学、普育小

---

[1] 腓力普·威尔逊·毕著：*IN AND ABOUT AMOY*，陈国强译，中国基督教卫理公会出版社 1912 年第 2 版，厦门市博物馆 1991 年刊印，第 173~180 页。

[2] 《清季闽南基督教会研究》，第 105 页。

学、康泰小学、光华小学等学校也成为屿内教育的重要力量。沈省愚、林安国、邵庆元、陈竞明、叶谷虚、陈兆麟、蔡丕杰等华人教育工作者成为鼓浪屿现代教育的中坚力量，屿内邵氏家族两代人涌现9名教授、10位校长，成为教育界美谈。

鼓浪屿教会学校的现代教育理念最突出的表现是教育的平等。

除了汉、唐个别特殊的历史时期，中国传统的教育体系中没有女子的位置。"女子无才便是德"的观念流传了数千年。教会通过创办女学彻底打破了中国传统的不平等的教育理念。教会办女学的一个重要的衡量因素是为了培养信奉上帝的"贤妻良母"，另一个重要原因是传教士们从基督教"人人生而平等"的教义出发，力图使妇女通过接受教育获得独立自主的能力，改变妇女的社会地位。除了前述英国伦敦会清道光二十七年（1847年）在寮仔后创办第一家女子学校以及其他正规女子学校、妇女学堂，传教士们还在鼓浪屿先后开办过多所短期女子教育机构。一方面收容被虐和被弃妇女，另一方面培训女传道人。这些女子教育机构的教学课程大致相同，一是授白话圣经，培养妇女传道人才，协助宣教；二是授予妇女针织、认字等求生技能，提高妇女独立生活的能力。教会的女子教育改变了许多穷苦和普通女子的命运。比如陈慰中的母亲，朱昭仪、朱思明的母亲，都是出身贫苦，在教会女子学校提高了自身的素质和独立生活的能力。此外，教会的女子教育还培养出林巧稚、何碧辉、黄墨谷、黄萱等一批闺阁女杰，宣示了男女平等的真理。

相对于中国传统的以科举为目的、"学而优则仕"的封建传统教育体系，由传教士引进的现代教育，以其注重科学、培养全面发展的个体而引领时代潮流。

这种个体的全面发展是从幼儿的启蒙教育开始的。创办于清光绪二十四年（1898年）的鼓浪屿"怀德幼稚园"被誉为"中华第一园"。采用当时先进的福禄培尔和蒙台梭利"尊重幼儿，关注幼儿个体自由成长"的幼儿教育思想和教学法，怀德幼稚园在歌声与游戏中培养孩子们的观察能力，建立"秩序"、"规则"意识。民国 23 年（1934 年）怀德幼稚园的一份"幼稚生成绩报告表"，标明的科目就有言语、国文、常识、计算、公民、唱歌、游戏、图画、手工等 9 种之多。据曾经进过这所幼稚园的老人回忆，在幼稚园里主要就是玩，对国文和公民两个科目全然没有一点印象，大概是采用唱游方式进行的。

鼓浪屿的教会学校经过数十年的积累，逐渐形成了"德智体群"的全人教育模式。英华书院和毓德女中的校训分别是"诚智"和"诚洁"，说明所谓"德"字最强调的还是一个"诚"字，而中英文并重、文科理科并重则是"智"之深意。至于"体群"，则通过大量生动活泼、多姿多彩的课余活动来实现。比如英华中学有话剧社、艺术社、京剧社等活动组织，学生可以自由选择参加一至两项兴趣小组。学生可以练练拳脚，也可以唱唱京剧。因此，从鼓浪屿教会学校出来的学生，大多多才多艺、爱好广泛，许多人擅长英语、音乐与足球。

由于强调全面发展，教会学校的毕业生初步掌握了当时社会所需的先进的知识和技能，稍加训练就可以为社会所用。许多毕业生被银行、海关、邮政局、洋行等机构录用。这些机构在当时是一般人可望而不可即的好去处，在这些机构奉职被称为捧上"金饭碗"、"银饭碗"。少数有潜力的毕业生得到牧师的推荐和教会组织的资助，获得到国外继续深造的机会。一批又一批杰出学子从此走出，或远行天下，或近守家国，驰骋于各自领域，成为鼓浪屿风华绝代的记忆。除了前面提到的周摩西，从英华中学走出了王应睐、黄祯祥、顾懋祥、卓仁禧、洪伯潜、张乾二等 6 位院士（学部委员），还有考古学家、剑桥大学教授郑德坤，系统控制工程及运筹学专家、清华大学教授吴沧浦，生化博士、神学博士陈慰中，剑桥大学教授、禽病学家朱晓屏；寻源中学为世界贡献出文学大师林语堂，天文学家戴文赛、余青松，园艺学家李来荣等杰出人物；鼓浪屿几家女学堂培养出著名妇科专家林巧稚和何碧辉、著名音乐家周淑安。这一长串的名单还可以增加厦门大学的校长卢嘉锡，厦门大学外文系主任巫维涵、黄希哲、刘贤彬，厦门大学人类学系主任陈国强、经济系主任吴宣恭，政界人物黄登保、王唯真，甚至可以扩大到台湾"文建会"主任陈奇禄，还有菲律宾的中正学院院长邵建寅、圣公会中学校长林雅秀、灵惠中学校长李锦英、中华基督教会嘉南中学校长黄宝玉……

提及鼓浪屿的现代教育，不能不说到曾经在屿内活跃一时的一个特殊的人群——教会中的姑娘。这些姑娘大多接受过现代中等以上教育，立志不婚，决意把一生奉献给福音事业。她们漂洋越海而来，传经布道、教书育人，在鼓浪屿留下许多温馨感人的记忆。最早来到鼓浪屿的教会姑娘是清道光二十六年（1846年）抵达的英国伦敦公会32岁的凯瑟琳·施敦力小姐。这位屿内最早的女英文教师在鼓浪屿服务了整整20年，清同治五年（1866年）在鼓浪屿逝世，时年52岁。美国归正教会打马字牧师的两个女儿清洁·打马字和马利亚·打马字于清同治十三年来到鼓浪屿，被称为"大姑娘、二姑娘"，两姐妹创办了田尾妇学堂（又称田尾妇女福音学院）和田尾女学堂（又称花旗女学，毓德女子小学的前身）。仁信牧师的女儿仁历西清光绪十一年（1885年）到鼓浪屿，主持扩建红毛女学，被称为仁姑娘。这三位姑娘和救世医院的护士麦克拉根（Ms. Maclagan）以及其他三位牧师的女儿被鼓浪屿人称为"七姐妹"。仁历西光绪三十三年病逝于鼓浪屿，她为鼓浪屿奉献出23年的青春年华。在最后一批教会姑娘中，最广为人熟知的是福懿慕。福懿慕是美籍荷兰人、教育学硕士。民国9年（1920年）立志"奉献自身为主做工"到鼓浪屿当传教士，曾任田尾怜儿堂主持，民国 17 年后任毓德女中主理、校长，毓德女中勤、朴、诚、洁的校风的形成与坚持，同这位姑娘的敬业、专业有密不可分的关系。福懿慕为鼓浪屿服务 28 年，鼓浪屿人称她为"福姑娘"，小孩则取"福姑娘"的闽南话谐音，昵称她为"虎姑婆"。福懿慕居住在田尾一幢被称为"三落"的欧式建筑中，与她同住的还有毓德小学校长麦淑禧、养元小学校长清洁理和护士学

福懿慕姑娘

校校长明仁懿，都是鼓浪屿赫赫有名的姑娘，"三落"因而被称为"姑娘楼"，也成为鼓浪屿教育史上的一个亮点。

　　在某种程度上可以说，教会学校铺垫和成就了鼓浪屿的文化底蕴。毕业于英华中学的原福建省社会科学院副院长黄猷认为："为这种文化所化的一代、两代鼓浪屿人，男士是昂藏、洒脱而敬业、勤谨，女士则是修整、大方而喜乐、恬静，一群群男女青年学生走在街上就是一道道显得超凡脱俗的风景线。这是真情的流露而非对英国绅士、淑女贵族气派的仿真。"

三、社会风尚

　　传教士们远涉重洋带到鼓浪屿的，不仅仅是上帝、教堂和十字架，还有新的社会风尚，其中最值得称道的是西方音乐在屿内的传播。尽管鼓浪屿在清乾隆年间就开始有戏曲演出的记载，但那种戏曲演出与老百姓的关系只是戏班与看客的关系。传教士们则把西方音乐同鼓浪屿人的生活紧密地联系在一起。鼓浪屿的西方音乐大致有两个方面的功能，一方面是作为宗教仪式的组成部分，实际上是把音乐作为抒发内心诉求的工具；另一方面则是把

音乐作为一种培育心灵、熏陶性情的教育工具。这两个方面的功能主要是通过教堂和学校来实现的。而教堂和学校是一代又一代新鼓浪屿人成长时期最主要的活动场所。按照一般规律，一代人学习、成长的周期大约是 20 年。传教士从 19 世纪下半叶开始的音乐熏陶，经过三四代人的传承，到 20 世纪上半叶已经基本蔚成风气。教堂有唱诗班，屿内的幼稚园、小学、中学和书院都组织有学生合唱团，寻源中学创办屿内首支铜管乐队，屿内居民还组织有专门演唱世界名曲的雅歌社。音乐会、演唱会、音乐欣赏活动、街头演奏活动、家庭音乐会等音乐活动丰富多彩。音乐成为鼓浪屿人生活中的重要组成部分。从这种浓郁的音乐氛围中走出了享誉音乐界的音乐教育家周淑安、钢琴教育家李嘉禄、声乐教育家林俊卿、著名钢琴家殷承宗和卓一龙，还有在鼓浪屿几乎家喻户晓的"最美的"男低音朱鸿谟、女高音歌唱家颜宝玲、小提琴演奏家林克恭，以及洪永明、龚鼎铭、廖永廉与陈锦彩、郑约惠和阮鸣凤等"音乐之家"。

礼拜堂里的风琴

除了音乐之外，从 19 世纪末开始，传教士们引进的一些新鲜事物在厦门出尽风头：

清咸丰十年（1860 年），鼓浪屿出现主要供外国人使用的游艺场，在这里可以开展网球、板球、曲棍球等健身活动。

清同治二年（1863 年），三公会在鼓浪屿建造了一座教堂，专供外国基督徒做礼拜。据一位英国人回忆，光绪四年（1878 年）他第一次到鼓浪屿时，就看到教堂里有人在弹风琴了。

清光绪元年（1875 年），德国驻厦门领事馆工作人员巴德热在厦门岛三十六崎顶创办厦门也许是福建第一家面向公众的图书馆，名为博闻书院。兴泉永道道台、海防同知、厦门海关监督每月也分别捐助 8 元、2 元、2 元。光绪十年，博闻书院还开办了代售香港和上海出版的报纸的业务——据目前所知，这是厦门最早的关于报纸发行的记载。

1909 年的番仔球埔

清光绪十四年（1888年），美国归正教会打马字牧师夫妇创办厦门话罗马字刊物《漳泉圣会报》(后改名《闽南圣会报》)，这是厦门最早的教会刊物。

清光绪二十四年（1898年），英华书院组建厦门乃至福建省第一支足球队，分为虎、豹、狮、象4个组进行训练，这家书院之后屡屡更名，但足球传统却一直保留下来，百年不衰。

民国元年（1912年）厦门基督教青年会正式成立。此后，在相当长的一段时间内，厦门基督教青年会成为厦门文化活动的主力。在青年会的倡导下，篮球、排球、乒乓球、体操、田径、游泳、野外活动、自行车、帆船等运动项目逐渐在厦门得到推广。民国4年，青年会发起筹办了厦门历史上第一次综合体育运动会。青年会发起组织的唱诗班、歌咏团、剧社、西乐研究班等，活动也十分频繁。民国9年6月，青年会从国外购进一部电影放映机，开创了厦门电影放映的历史。

在提倡新的生活方式的

毓德女中学生集体操

1930年打乒乓球的女青年

同时，教会还花了许多人力、物力反对吸食鸦片、赌博、缠足、不讲卫生等不良习俗。受到传教士带来的新的生活方式的影响，鼓浪屿长期保持了令人称道的良好社会风气。

四、慈善事业

清咸丰十一年（1861年），美国归正教会胡理敏牧师（Alvin Ostrom）乘福音船前往石码宣教途中，捡到一个被置于木盆中顺水漂浮的女婴。这个女婴长大后成为一个牧师娘，影响了许多信徒。这是鼓浪屿教会收养的第一名弃婴。清光绪九年（1883年），英国长老会两位女宣教士来到厦门，她们看到很多女婴遭到遗弃，十分可怜。遂与美国归正教会合作，在鼓浪屿鹿耳礁建立了怜儿堂，日常事务由归正教会的打马字牧师的两个女儿以及长老会的倪马义等人负责。据吴炳耀牧师记载：怜儿堂后来移到乌埭角怀仁学校对面另建的宿舍。堂里雇有保姆，负责婴儿的衣食教养。达到就学年龄后，由美国归正教会所属教会送来的儿童进入该会所设田尾女学，英国伦敦会和长老会送来的儿童，则在怀仁学校就学，与一般学生受同等教育，学、膳及书籍、文具等费，均由怜儿堂负责。每年添置衣服、鞋、袜各两套。成年后还为她们择配成婚，享受家庭之乐。收养儿童中不愿读书或不会读书的，则留在怜

礼河莲 1891 年拍摄的基督教怜儿堂

儿堂内帮忙，学习家政，为将来成婚理家训练。[1]

鼓浪屿怜儿堂第一年收养 2 名弃婴，清光绪二十三年（1897年）达到 57 名。怜儿堂经费由归正教会向美国总部募筹。到抗日战争爆发之前停办为止，怜儿堂共收养弃婴 300 余名。这些弃婴长大后大多数成为虔诚的基督徒，有的被培养成为传道、护士、教师。[2]

天主教也办有专门收养弃婴的慈善机构，称为育婴堂。民国16 年（1927 年），受福州天主教育婴堂所谓"杀孩事件"影响，厦门成立"厦门各界反抗福州天主教惨杀华童委员会"，对育婴堂埋葬病死婴儿之事进行炒作，扣留相关传教士。就常识而言，育婴堂若有"惨害华童"之心，只要不加理睬，任弃婴在路旁自行冻死、饿死即可，完全不用将这些弃婴收容进育婴堂，将其杀害，最后还要动用经费雇人处理后事。此事在鼓浪屿并未酿成风

天主教孤儿院

[1]　吴保罗著：《教会与厦门近代妇女解放》，载《福音时报》2012 年 3 月 5日。

[2]　政协厦门市委员会文史资料研究委员会编：《厦门的租界》，鹭江出版社1990 年版，第 65 页。

波，受到此事牵连的包括厦门岛在内的一些外地传教士还带着收养的儿童到鼓浪屿暂时躲避。足见鼓浪屿的社会见识已经高出一截。

鼓浪屿教会的另一个慈善机构是鼓浪屿基督教长老许春草民国 19 年（1930 年）10 月创办的"中国婢女救拔团"。这是一个许多人已经耳熟能详的故事。

清代以来，闽南许多男性青壮年在海外打拼，留下妻儿老小看家守厝。家里劈柴担水、籴米买菜等事都需要人帮助打理，女眷也需要人陪伴。蓄养婢女就成为这类家庭的最佳选择，并逐渐成为一种风气。清道光十五年（1835 年）前后成书的《金门志》卷十五《风俗记》云："岛中岁时习尚，大概不远厦门……家不蓄童仆，二十多年来始多蓄婢。"可见蓄婢的风气，大约形成于清嘉庆二十年（1815 年）左右。

蓄养婢女是一次性付给婢女家中买身钱，带有人口买卖的性质。且婢女的地位视蓄婢者的家境和道德修养的不同而千差万别。婢女都是出生于贫苦家庭，到了新家之后，在付出劳动的同时，自身的温饱也得到解决。一些有幸进入良善之家的婢女，经过长时间的厮守相摩，也建立了深厚的感情。有的婢女甚至成为主人家的顶梁柱。到了一定年龄的时候，主人家也会为她考虑婚嫁的事。也有婢女不出嫁，在主人家终老其身。但是，也有一些居心叵测的不肖之徒把婢女视为卖身奴，待遇菲薄，劳务繁重，动辄打骂，甚至对婢女施加性侵害。社会上时常有婢女遭受迫害的事件发生。民国 14 年（1925 年），工部局就处理过一起乌埭角某家太太打死婢女的案件。民国 18 年，一位李姓商人强奸家中婢女，其妻知道后又将婢女毒打，该婢女被迫上吊身亡。事件传开后，激起社会公愤。当时的文艺团体以此事为题材，编演题为《红花惨案》、《孰非人子》等话剧广为宣传，呼吁社会各界关注婢女的命运。清末及民国初，政府均颁布过禁止蓄婢和解放奴婢的公告。民国 18 年，厦门曾成立婢女解放会，但成立后未有具体措施。

民国 19 年（1930 年），建筑工出身的基督教长老许春草在笔架山成立中国婢女救拔团，并设立婢女收容院。救拔团负责对各地受虐待的婢女实施救助，收容院负责安置自愿申请入院的婢女。入院婢女被称为院生，婢女收容院除了提供食宿之外，还组织女教友到院教读圣经、教唱圣诗，平常则有专人负责管理，教授家政、编织、裁缝、刺绣、烹饪等技能，为院生重新走上社会创造条件，同时也接受社会订货，增加收容院收入。社会人士如有愿意与院生结为夫妻的，可向收容院提出申请，经收容院从申请人人品、经济条件等方面加以严格审查后予以批准。婢女救拔团和婢女收容院得到鼓浪屿社会各界的支持。收容院每月预算经费 400 元，除许春草主持的建筑工会的捐助之外，还接受社会各界资助。民国 25 年开始，工部局每月赞助 120 元。教会救世医院的医生义务为收容院院生诊治，基督教和合教会捐款提供全年燃料和部分餐费、医药费，扶轮社每月捐助 25 元并在院内设皮肤、眼科义务诊所，教友个人捐献卫生用品、衣被、食品的亦不在少数。救拔团后期设有顾问团，鼓浪屿工部局、基督教三公会、鼓浪屿中华基督教会以及厦门、鼓浪屿的知名堂会都派出代表担任顾问，英国人欧师姑、英国驻厦门领事夫人马尔定夫人、英国长老会长老洪显理夫人等基督徒还以个人身份出任救拔团的顾问或义工。民国 25 年，收容院的院生已达 87 人，其中福建省内 47 人、省外 40 人。[1]

中国婢女救拔团救拔的婢女人数虽然有限，但在社会上却产生了很大的影响，在一定程度上改善了婢女受虐待的状况，提高了婢女的社会地位。

---

[1] 金绮寅著：《民国时期厦门地区的中国婢女救拔团》，载《中华女子学院山东分院学报》2009 年第 5 期；《1937 年度鼓浪屿工部局报告书》中译本，第 14 页。

民国 30 年（1941 年）日本独霸鼓浪屿后，婢女救拔团和收容院被解散。

五、闽南白话字

传教士对厦门文化的另一个贡献是推广厦门话罗马注音系统。中国文字传统的注音方法是"反切"法，即通过两个字的快速连读拼出另一个字的读音。使用这种注音法的前提是必须有识字的基础，因而既不方便也无助于初学者的学习。清咸丰二年（1852 年），美国归正教会的打马字牧师开始用罗马字母为厦门话注音，并在厦门的教会学校里试用、推广，时称"白话字"，又称"厦门罗马话"。随后，英国长老会的用雅各牧师将《圣经》中《创世纪》的一部分用罗马注音字母翻译成厦门话，自由教会的杨为霖用厦门话罗马字翻译了 13 首圣歌的《神颂》，这是最早的第一批厦门话罗马注音教材。咸丰五年，归正教会的罗啻牧师编纂出版《英中厦门本地话指南》，这是厦门历史上第一部方言专著。随后，英国长老会的杜嘉德牧师在美国长老会卢牧师（John Loyd）搜集的部分资料的基础上，编纂出版了《厦门本地话及口语字典》，这是厦门历史上第一部方言字典。这部字典有600 页，8 开本、双栏版式，搜集的厦门方言词汇和短语相当齐全。打马字牧师还用罗马注音字母系统编纂出版了《罗马话汉字字典》，这部近 400 页的字典收入约 7000 个汉字，是国内第一部新式注音字典，对厦门人、外国人学习汉语都大有帮助。

罗马字母注音系统接近于通用的国际音标注音法，只要掌握二三十个字母和简单的拼读方法就可以进行阅读，较之传统的汉字识字方法更为简单易学。到 20 世纪初，厦门及附近地区所有的教会学校、教堂都普遍推广"厦门罗马话"，掌握罗马字母注音方法的读者已经多达五六千人。厦门市场上，用"厦门罗马话"印刷的出版物堪称琳琅满目，除了《圣经》、《圣礼随附礼仪》、《天路历程》、《赞美歌》、《使徒信条》、《十戒》、《教会史》等宗教读物之外，还有《儿童故事书》、《儿童的训练》、《中庸之道》等市民读物，以及《博物学》、《生理学》、《地理大全》、《中国历史》、《古埃及历史》、《天文第一课》、《算术》、《代数学》等教科书。

传教士创造、推广厦门话罗马注音系统的动机，当然是为了更有效地宣传基督教。打马字牧师在一封关于试验罗马字注音系统的信中说："有个问题，即到底有什么途径能使这个民族变成阅读的民族，特别是通过它，信徒们能领悟上帝的话，并且可以自己聪明地阅读上帝的话。这个问题在这里的传教士的脑海里占有重要的地位……"传教士们为此找到了罗马字母注音系统，但与"为了上帝"这一目的同时实现的，则是"使这个民族变成阅读的民族"。也许，在传教士的心目中，后者只是一种手段。但不管怎样，这种学习中国文字的新方法使得岛民们可以更快地掌握阅读的技能，使他们的智力得到开发。不仅如此，厦门话罗马注音系统还成为中国近代文字改革的滥觞。

在鼓浪屿鸡山的基督教公墓，有一座被列为厦门市文物保护单位的坟墓。这座坟墓的墓主卢戆章被称为"发明中华新字始祖"。卢戆章创制的"切音字"虽然最终未被采用，但他在统一国语、推行白话文、注音识字等方面所做的贡献一直得到学术界的肯定。卢戆章清咸丰四年（1854 年）出生于同安县古庄村，后迁居鼓浪屿，是厦门早期的基督教徒。他在阅读《圣经》时开始接触"厦门话罗马字"，久而久之便萌生了改革汉字的念头。他提倡的"切音字"从厦门话罗马注音系统中汲取了不少有益的因素。民国 8 年（1919 年）"五四"运动后，中国文字改革进入制定"国语罗马字"的阶段，而这一阶段的源头，实际上可以追溯到厦门的传教士们创制的"厦门话罗马字"。

六、徐雅对话

　　清道光二十四年（1844年）1月，雅裨理出任英国驻厦门领事纪里布的翻译，与时任福建布政使的徐继畬结识。两人有过多次交谈，雅裨理向徐继畬介绍了欧美各国的地理、历史、政治状况，赠送多幅用现代方法绘制的地图。为徐继畬编纂被称为"考据之精，文词之美，允为海国破荒之作"的《瀛寰志略》提供了许多资料。徐继畬编纂的《瀛寰志略》，是继魏源的《海国图志》之后，为中国人睁眼看世界打开的又一扇窗户。魏源的《海国图志》是根据林则徐所编《四洲志》，参考历代史志、明以来《岛志》及当时能搜集到的地图等资料编辑而成，体例上更像一部西方史地资料汇编。《瀛寰志略》则是在徐继畬与雅裨理等人亲身接触、面对面对话的基础上产生的，对西方的人物风俗有真切的感性认识。尤其是雅裨理对美国第一任总统华盛顿的详细介绍，深深地打动了徐继畬。他在《瀛寰志略》中对华盛顿作出高度评价：

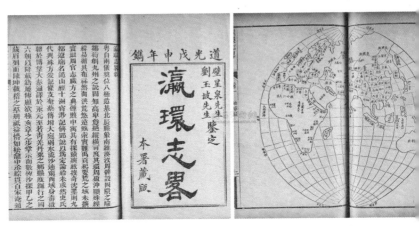

徐继畬著《瀛环志略》

"华盛顿，异人也。起事勇于胜广，割据雄于曹刘，既已提三尺剑，开疆万里，乃不僭位号，不传子孙，而创为推举之法，几于天下为公，骎骎乎三代之遗意。其治国崇让善俗，不尚武功，亦迥与诸国异。余尝见其画像，气貌雄毅绝伦，呜呼，可不谓人杰矣哉！米利坚合众国以为国，幅员万里，不设王侯之号，不循世及之规，公器付之公论，创古今未有之局，一何奇也！泰西古今人物，能不以华盛顿为称首哉！"

雅裨理也许没有想到，他和徐继畬的会谈引发的这段话，后来演绎成一段长达百余年的中美交往史佳话。

清咸丰三年（1853年）7月，浙江宁波府知府毕永绍和宁波传教士把镌刻有徐继畬的这段话的石碑送到美国华盛顿，镶嵌在国会大厦之前的华盛顿纪念碑第十层。

清同治六年（1867年）10月21日，美国驻华公使蒲安臣卸任之前，受总统安德鲁·约翰逊的委托，将一幅华盛顿画像赠送给徐继畬。徐继畬在他的答辞中说，华盛顿已经成为"全人类的典范和导师。他的贤德，已经成为联结古代圣贤和他以后各代伟人的一条纽带"。

1998年6月，美国总统克林顿在北京大学演讲时再次提到徐继畬的这段话。克林顿说："我十分感谢这份来自中国的礼物。它直探我们作为人的内心愿望：拥有生存、自由、追求幸福的权利，也有不受国家干预的言论、异议、结社和信仰等自由。这些就是我们美国220年前赖以立国的核心理念。这些就是引导我们横跨美洲大陆登上世界舞台的理念。这些就是美国人今天仍然珍惜的理念。"（任复兴译）

与徐继畬会谈的内容在一个半世纪之后得到美国总统的高度评价，这是雅裨理生前无论如何也想象不到的。

第三节　传教士的故事

时至今日，许多人还是无法理解一百多年前来到鼓浪屿的那些传教士。他们放弃在自己祖国优越的生活条件，来到一个陌生的、对他们并不友善的国度，究竟是为了什么。套用一句鼓浪屿十分流行的"每一座建筑都有一个动人的故事"的话，可以说，"每一个传教士都有一段不凡的经历"。

雅裨理

尽管鼓浪屿是雅裨理"多年渴望和祈求的所在"，但 1842 年雅裨理到达时的鼓浪屿与以后被誉为"海上花园"的鼓浪屿绝不可同日而语。清道光年间的鼓浪屿遍布坟堆，人少树稀地贫，带着重重湿气的海风盘旋在乱石荒草中。那时的鼓浪屿，并不是一个令人愉快的地方。雅裨理不是个体格强壮的人，由于不适应中国的水土，他到鼓浪屿后两度因病离去，病愈后又两度重来。最终于清道光二十四年（1844 年）12 月 9 日离开厦门经香港回美国养病，两年后的 9 月 4 日在纽约州奥尔巴尼逝世。也许，他最大的遗憾是还未曾亲手为一个厦门的教徒施洗。但是，如本章"徐雅对话"所述，雅裨理的贡献，已经通过宁波府赠送的刻有徐继畬对华盛顿评价的石碑，铭记于华盛顿纪念碑之中。[1]

萨拉

清道光二十二年（1842 年）2 月，萨拉陪同她的丈夫文惠廉与雅裨理同船抵达鼓浪屿。她带着传播福音的一腔热忱来到鼓浪屿，还没有来得及走遍这座小岛就卧床不起，三个月后与世长辞。她的安葬之处后来成为鼓浪屿许多传教士最后的归宿，被称为"番仔墓"。

---

[1]　李启宇撰：《雅裨理——厦门第一个基督教传教士》，载《厦门文艺》2012 年第 2 期。

波罗满和罗啻

清道光二十四年（1844年），在雅裨理的极力推荐下，波罗满与罗啻携带家眷来到鼓浪屿。雅裨理因病回国后，他们就担负起厦门传教重任。但一年之中，先是罗啻唯一的6岁儿子病死。不久，波罗满也失去了两个孩子。一年之后，波罗满年仅35岁的牧师娘希奥多西娅在悲痛之中与世长辞；一星期之后，罗啻牧师娘克拉莉萨也撒手人寰，终年39岁。亲手创建"中华第一圣堂"的波罗满牧师，在去香港购买献给新街堂的大钟的归途中，因轮船失事葬身海底。

施敦力三兄妹

清道光二十四年（1844年），英国伦敦公会的约翰·施敦力夫妇来到鼓浪屿，两年之后，其兄、嫂亚历山大·施敦力(Alexander Stronach)夫妇以及妹妹凯瑟琳·施敦力(Catherine

凯瑟琳·施敦力之墓

Stronach)，也远离故乡英伦，三兄妹相聚于鼓浪屿。亚历山大·施敦力于清道光三十年开办英华学校（不是后来的英华书院），亚历山大牧师娘因水土不服，病逝于归国途中。凯瑟琳·施敦力传教之余，在哥哥的学校里教授英语。清同治五年（1866年）逝世，享年52岁，终身未婚。亚历山大于清同治八年因病回国。约翰·施敦力则长期在上海、厦门从事《圣经》翻译工作。清光绪二年（1876年）66岁才因年老体衰回国。三兄妹留在鼓浪屿的只有一块刻有"Catherine Stronach 1804—1866"的墓碑。

杜嘉德

清咸丰五年（1855年）25岁的英国长老会牧师杜嘉德抵达鼓浪屿，翌年便到安海传教。当地人以演戏的方式警告民众不得与之接触。他租住的房子几度被毁。一天，杜嘉德走在安海街头，有小孩跟在后面叫骂，自己不小心跌倒在地。杜嘉德怜惜他幼小无知，转身把他扶起。小孩起身回家后，街上好事者对小孩家长说：洋鬼子精通拳术，你家小孩一定被拉伤了。小孩家长邀集一伙人，带着小孩找杜嘉德"治伤"，将杜嘉德团团围住。有的人添油加醋，借机起哄，说是"洋鬼子杀人"。将杜嘉德拉出门外，痛打一顿。杜嘉德被蔡宅主人救起，信徒郑爽将他背上福音船送回厦门。英国领事闻之大怒，说要严惩安海。杜嘉德以死力争，方保安海平安无事。[1]杜嘉德在鼓浪屿，出外布道，牧养教会，教导学生，研究语言，工作十分忙碌。他编的《漳泉神诗》中的多首诗歌在台湾也广为传播，他在清同治十二年（1873年）刊行的《厦门本地话及口语字典》，被称为权威著作，格拉斯哥大学因为这部字典颁赠他博士学位。清光绪三年（1877年）7月26日，杜嘉德因患伤寒在鼓浪屿寓所逝世，时年仅47岁，被葬于鼓浪屿洋人公墓。清光绪六年，英国长老会在鸡母嘴口建造"杜嘉德纪念堂"，纪念他到鼓浪屿传教25周年。纪念堂后来被毁。

郁约翰

郁约翰为美国籍荷兰人。清光绪十四年（1888年）1月13日到达鼓浪屿，随即被派到漳州平和县。翌年3月29日，以荷兰Neerbosch

郁约翰

---

[1] 《闽南中华基督教会简史》之《闽南长老会过去陈史略述》。

孤儿院命名的尼尔保赤医院（Neerbosch Hospital）在平和小溪开门接诊。光绪二十一年郁约翰回美国述职并被按立为归正教牧师。光绪二十三年，郁约翰带着在美国募得的近万元资金回到鼓浪屿创办新的医院。翌年 4 月，救世医院在河仔下正式开诊。为方便女患者，光绪三十一年又创办救世医院妇女医院。郁约翰为医院制定的宗旨为"传播救恩，

郁约翰纪念塔（重修）

医治疾病，不分种族阶级，一本耶稣基督之至仁，服务社会，健康人群，并促成医学之进步，指导卫生之常识"。医院不收一切医疗费用，只收住院病人的伙食费，所收病人包括平民、富人、官员、学者、穷人甚至乞丐等社会各阶层的人。本章"现代医疗之滥觞"中所叙救世医院所创造的所有的"第一"，都是在郁约翰任院长期间实现的。这个真正广施博爱的传教士，连"鸦片鬼"都不放弃。他在保赤医院开辟戒烟室。仅在清光绪十七年 7 月到光绪十八年 7 月间，就成功治疗 66 名瘾君子。许多戒毒成功的人还带着毒友回来接受戒毒治疗。郁约翰还利用自己在教会中的地位和影响，发起清除鸦片、吗啡和禁种罂粟运动。[1]

郁约翰同时又是才华横溢的建筑设计师，八卦楼、船屋就是他的杰作。

---

[1] A. L. Warnshuis, *M.A.* 著: *A BRIEF SKETCH OF THE LIFE AND WORK OF DR. JOHN A. OTTE*，詹朝霞节译。

清宣统二年（1910年）4月6日，郁约翰到厦门为一位鼠疫患者诊治时不幸被感染。4月11日发病，4月14日清晨，已知生命危在旦夕的郁约翰用中文向远方的妻儿、跟前的朋友和病人告别，永息主的怀抱。有人统计，从医院开办到郁约翰归天的12年里，共收治了17000多名住院病人及135000多位门诊患者，做了7500多次手术。

郁约翰去世后，他的学生陈天恩等在救世医院门前建造一座纪念塔，塔身所嵌碑文全文如下："郁约翰牧师美国人也，医学博士。学称厥名，志宏厥名，志弘厥学，侨厦敷教施诊，精心毅力，廿载靡濡。手创医院三，授徒成业二十余辈，功效聿著，愿力弥宏，以身殉志，生不遗力，殁不归骨，卒践誓言，葬于兹丘，追念功德，表石以纪。石可泐，骨可朽，先生功德不可没。诸学生全泐石。"

洪显理（Henry Anderson）

清光绪三十年（1904年），洪显理被英国长老会派到鼓浪屿，任英华书院英文教师、足球教练兼领队，民国4年（1915年）后成为书院院长，民国7年代理工部局秘书，民国16年出任英国长老会主持人，民国17年被选为工部局洋人董事兼财政股委员，民国18年11月至民国23年1月蝉联工部局董事会董事长……

在英华书院执教期间，他除了教授英语，还在书院里组织开展体育活动，教学生们踢足球。清宣统二年（1910年），他带领英华足球代表队前往泉州，与培元书院进行友谊比赛。之后，又连续带队前往汕头、福州等地，与当地的友校足球队举行友谊赛。这应该是厦门最早的足球"外交"。

洪显理在英华书院一干就是十余年。这期间，他带出许多毕业生，自己也学会了闽南话，在鼓浪屿培育了广泛的人脉。通过长期与华人接触、交流，洪显理已经渐渐认识到，要管理好鼓浪屿公共地界，不能不看到华人在这座岛上占绝大多数这个现实，对于吸收华人参与鼓浪屿事务有了比较清醒的认识。民国8年（1919年），洪显理向工部局推荐他的学生黄省堂到工部局任职员领班。民国14年，福建省实行省、县行政区划体制，厦门道被撤销，原来由厦门道推荐的工部局华人董事失去推荐单位。

1938年英华书院外籍教师

洪显理主动与鼓浪屿的士绅林寄凡等人联系，劝说他们仿效鼓浪屿洋人纳税者会章程，成立鼓浪屿华人纳税者会，代替原厦门道推举工部局董事会华人董事。鼓浪屿华人纳税者会成为后来的华民公会、华人议事会的开端。

　　英华书院清光绪二十七年（1901年）从鸡山路迁到安海路后，陆续向周围的居民购买了一些房屋、地皮，准备扩建书院。但有一户住民不愿按照当时的地价出让房产，书院扩建迟迟不能进行。洪显理任院长后，很快就将扩建工程付诸实施，周围的房屋拆除之后，那户"钉子户"的房屋孤零零地耸立在书院的操场上，有的学生还往屋顶上掷石头、砖瓦，那"钉子户"最后不得不把房屋卖给书院。民国20年（1931年），洪显理主持的工部局在鼓浪屿推行卫生改良，实行按时收集粪便、垃圾。但仍有人在夜间偷偷将粪便倒入沟渠、随意丢弃垃圾。洪显理派出大量人力疏通沟渠、清理垃圾，同时加大对违犯者的处理。每年有一两千人次受到处罚。这使洪显理得罪了许多人。但洪显理似乎有点不管不顾，仍旧坚持他的严格管理、严格处罚的理念。在他任工部局董事长期间，首创在人烟稠密之处开挖大井，提取井水后加入卤化石灰，用于冲涤下水道。上个世纪30年代之后的鼓浪屿一度蚊蝇几近绝迹，应该说同洪显理的严格管理是分不开的。1931年前后，厦门地区爆发天花、霍乱，被病魔夺去性命的人数以千计。工部局在鼓浪屿设临时种痘局，为万余人种痘，又争取到台湾方面和华人陈荣芳赠送抑制霍乱的注射药2万余份，确保了鼓浪屿住民不受传染病侵扰。

民国19年（1930年），厦门自来水有限公司购置运水船，将自来水运到鼓浪屿，在梨仔园、日光岩建造低位、高位蓄水池，通过管道向屿内住户供水。由于成本昂贵，水价较高，用户极少，导致自来水公司亏本。自来水公司经过核算，计划终止鼓浪屿的供水业务，将水管拆除，用于别处。洪显理得知这一情况后，在工部局的年会上通过一项决议：屿内所有商户以及民国21年12月15日之后新建的楼房都必须安装自来水。决议通过之后，商户怨声一片，洪显理又一次受到各方抨击。但实施这一决议之后，屿内自来水用户增至600多户，自来水成本和水价获得初步平衡。假如没有洪显理的干预，鼓浪屿的住民不知道又要延迟多少年才能用上自来水。

民国23年（1934年），洪显理为英国长老会工作整整满30年。根据长老会的规定，洪显理回到伦敦。但他在伦敦待了不到两年，又重归鼓浪屿，并再次被选为工部局董事会董事长。

在金门和厦门岛沦陷之后，难民蜂拥而至，不到两平方公里的小岛最多时涌进10余万人口。洪显理为首的工部局协调屿内各方力量，成立国际救济会，筹措资金，采办粮食、药品等物资，把屿内所有能利用的场所都腾出来做难民收容所，使众多难民得到妥善安置。在这种非常状况之下，甚至还办起育婴处和难童学校，解决婴儿的哺乳问题，为难民儿童提供就学机会。

民国30年（1941年）12月8日日本独霸鼓浪屿。洪显理被关押到集中营，几天后在集中营里去世。他在鼓浪屿服务长达37个年头，把他的人生中的绝大部分年华连同他的生命献给了鼓浪屿。[1]

---

[1]　李启宇撰：《一个苏格兰人对鼓浪屿的奉献》，载《厦门文艺》2013年第2期。

第五章

公共地界

第一节　公共地界的设立

鼓浪屿从清道光二十一年（1841年）七月起成为英国士兵的临时驻扎地，翌年初开始有传教士登岛。清道光二十三年（1843年）《江宁条约》生效后成为外国人的寄居地。由于华洋混居，给管理上带来众多不便。清光绪四年（1878年）成立道路墓地基金委员会后，居住在鼓浪屿的外国人开始介入岛上的市政设施建设，鼓浪屿的居住环境得到初步改善。

但是，道路墓地基金委员会的运转也存在诸多问题：首先是这一机构从法理上讲是不能参与行政事务的；其次是基金征收范围比较窄，导致年年处于收不抵支的状态。

最使鼓浪屿的外国人担忧的是，随着鼓浪屿居住人口的增加，社会治安问题日益突出。

与道光二十一年（1841年）英国人首次登岛相比，19世纪末的鼓浪屿人口增加了两三倍。偷盗窃夺、寻衅斗殴之事常有发生。居民中以行业、原籍地域为纽带开始形成一定的帮派——同安籍主要分布于码头船运，被称为"同安竹篙"；惠安籍较多充当轿夫、挑夫，被称为"惠安扁担"；菜馆、饮食行业中多为晋江、南安人，被称为"晋南菜刀"。各帮派之间、帮派内部因为地盘、生意甚至琐事引发的纠纷也时有所闻。原先宁静安逸的小岛开始出现些许的纷乱。

针对鼓浪屿出现的新的问题，清光绪二十三年（1897年）夏天，各国驻厦门领事联合起草了一份《鼓浪屿行政事务改善计划》，报送各相关国家驻北京公使审核。但此时在厦门设有领事馆的国家有10个左右，各国在厦门的利益和事务多寡不均，情况也各异——有专任领事，也有由别国领事官或商人代理。因此，这份《鼓浪屿行政事务改善计划》送到北京后，便在各国公使之间开始漫长的公文旅行。

清光绪二十六年（1900年）五月，厦门洋务分局奉福建巡抚之命，在鼓浪屿兴贤宫设巡捕局，配备2名教习包探和24名巡捕，后因鼓浪屿四面环海，所招巡捕不敷分配，又扩招巡捕10名，负责在龙头码头、英商和记住宅楼前、美国领事馆前、德国领事公馆前、兴贤宫前、英国领事公馆前、鹿耳礁西商球间前等处日夜轮班巡查，同时负责日光岩山背内厝澳一带的夜间出巡，以维持社会治安。[1]鼓浪屿巡捕局实际上是厦门最早成立的一支警察队伍，比正式组建的厦门巡警总局早了6年。这支队伍"在巡逻路线上四处巡逻……当他们遇到外国人时，便行军礼。但这仍然不是正常的事物。疑问由此而起：他们保护谁？当然不是外国人。而且人们确信也不是中国人。他们没有权利进入任何外国人的住宅，也不敢逮捕任何声称与外国人有交往的中国人。尽管这种关系并不明确，他们唯恐会因此遭遇麻烦。这支队伍的热情渐渐衰退了"。到19世纪末年，这支在鼓浪屿"维持秩

---

[1] 厦门市档案局、厦门市档案馆编：《近代厦门涉外档案史料》，厦门大学出版社1997年版，第466页。

序的力量""已蜕化成一支毫无作用的队伍"。[1]

之后，根据厦门文史界长期流行的说法是：清光绪二十七年（1901年）春，美国驻厦门领事巴詹声前往福州拜会闽浙总督许应骙，谈到日本于清光绪二十五年（1899年）提出要将鼓浪屿与嵩屿相对的沿海地域约10万坪（约33.10万平方米）及厦门岛虎头山一带约12万坪（约39.67万平方米）划为日本专管租界的事，巴詹声"向许督献策说：将鼓浪屿划作'公共地界'，可以杜绝日本独占野心，又可'兼护厦门'，一举两得。许督受其迷惑，派省洋务局委员，按照通商条约，面议章程，并电示兴泉永道与美国领事妥商办理。不久，巴领事任满回国，此事由日本领事兼领袖领事上野专一接办"。[2] 这种说法虽然流传甚广，实际上经不起推敲。从程序上看，如果没有得到驻北京公使的许可，美国驻厦门领事是不可能自作主张向闽浙总督提出将鼓浪屿划为公共地界且兼护厦门的建议的，其后的事态发展也证明驻厦门外国领事对于"兼护厦门"的提法一开始就持有异议，不可能主动提出；而许应骙身为封疆大臣，没有得到朝廷允许，更是没有胆量擅自答应将大清王朝的土地划作公共地界。从常识上看，此事由美国领事开了个头，随即交给日本驻厦门领事上野专一办理。如果此事与"杜绝日本独占野心"有关联，绝对不可能将此事交给日本领事办理。

既然前述说法在程序上和常识上存在瑕疵。那么，清朝和西方列强为什么会于清光绪二十七年（1901年）举行关于将鼓浪屿设为公共地界的事项的谈判呢？合理的说法应该是列强驻厦门领事于清光绪二十三年（1897年）呈报给相关国家驻北京公

---

[1] 戴一峰译：《近代厦门社会经济概况》，鹭江出版社1990年版，第318页。

[2] 厦门市档案局、厦门市档案馆编：《近代厦门涉外档案史料》，厦门大学出版社1997年版，第280页。

使的《鼓浪屿行政事务改善计划》终于完成了长达4年的公文旅行，各国公使与清王朝的相关部门达成基本共识。因此，美国驻厦门领事巴詹声才于清光绪二十七年春前往福州拜会闽浙总督。随后，清朝廷委派兴泉永道道台延年和洋务委员等官员与各国驻厦门领事进行关于将鼓浪屿设为公共地界的谈判。

鼓浪屿划为公共地界的方案、章程基本模仿上海租界的模式，因此谈判中虽然有一些争议，但进展还是基本顺利，顺利到有些草率。争议点在于章程第十五条关于各国须"兼护厦门"的内容。闽浙总督许应骙坚持在章程中加入"兼护厦门"的内容，各国领事则认为此事必须请示各国公使决定。奇怪的是，在谈判结束时，这一争议竟然没有一个明确的结果。

清光绪二十七年十二月初一（1902年1月10日），中外双方代表在日本驻厦门领事馆举行《厦门鼓浪屿公共地界章程》草案签字仪式，中方代表为兴泉永道道台延年、厦防同知张文治、福建厘金局厘金委员郑煦、福建洋务局洋务委员杨荣忠，外方代表为日本领事兼领袖领事上野专一和英国、美国、德国、法国、西班牙、丹麦、荷兰、瑞典、挪威等国驻厦门领事或代理人。谈判形成的章程草案的中文版共有17个条款，其中第十五条为"兼护厦门"的内容，英文版虽然也是17个条款，但其中的第十五条却是空白。

清光绪二十八年（1902年）正月，闽浙总督许应骙在没有认真对照中、英文版的情况下，将《厦门鼓浪屿公共地界章程》草案上报清朝廷外务部。作为清王朝的封疆大臣，许应骙知道：普天之下，莫非王土。虽然贵为闽浙总督，但并没有权力将"王土"鼓浪屿答应给外国人作为公地，并赋予兼护厦门的职责。因此，他在奏本中把事情的起因推到已经离职的美国驻厦门领事巴詹声身上："厦门地当冲要，民心浮动，镇抚维艰。美国巴领事请将鼓浪屿开作公地，借可保护厦门。当由兴泉永道延年与各国

领事会商，再三琢磨，时阅数月，始克就范。现议各款，揆以公
地之义，尚属相符。且厦门均归一体保护，实于地方有益。当将
章程草约会同签字，咨送外务部查覆。"外务部在审核中、英文
章程时才发现：中文版章程载有"兼护厦门"内容的第十五条，
而英文版章程则无第十五条内容。外务部与各国驻北京公使团交
涉，公使团领衔公使美国驻北京公使康格答复：各国领事甚至各
国使臣实无令鼓浪屿租界"兼护厦门"之权力，要求外务部按照
原英文版章程办理。康格的答复亦可证明许应骙早先所说"美国
巴领事请将鼓浪屿开作公地，借可保护厦门"以及各国领事"再
三琢磨，时阅数月，始克就范"的说法并无根据。外务部电令许
应骙查明办理。许应骙接到外务部回函，才发现自己把事情办
砸了。九月十七日，许应骙再次上奏，以"各领事以此条洋文须
候驻京各国公使核填"为借口把自己的责任推得一干二净，同时
声言既然各国公使认为领事无权决定兼护厦门一事，章程尽可作
废。外务部经过商议，最终认为：强令各国兼护厦门本身就有
自失主权之虞，若因外国不允兼护厦门便将章程作废，又将令
各国讪笑。既然各国公使、领事无权决定此事，且认为章程内
有此条款纯属无用，不如将此条款删除。最终将原章程17条中
的第十五条删除，形成16个条款的《厦门鼓浪屿公共地界章程》
（本书附录2）。清光绪二十八年十月二十二日（1902年11月21
日），光绪皇帝在外务部上报的《厦门鼓浪屿公共地界章程》的
奏本上御批"允行"。[1] 鼓浪屿正式成为西方各国的公共地界。

---

[1] 朱寿朋编：《光绪朝东华录》第五册，中华书局1984年版，第138、139
页。

第二节 公共地界的法理解读

一、公共地界的权力源

决定鼓浪屿地位的法律依据是《厦门鼓浪屿公共地界章程》（英文为 *Land Regulations for the Settlement of Kulangsu，Amoy*）。

从《厦门鼓浪屿公共地界章程》制定、签署之日到一个世纪之后的今天，不断有人对这份文件的中、英文标题发表见解，认为英文标题译为中文是"厦门鼓浪屿租界土地章程"，同中文的文件标题"厦门鼓浪屿公共地界章程"大不相同。"如果是'公共地界'，中国是'地主'，当然有参与管理岛上事务的权利，如果是'租界'，则中国就没有这种权利。这两种截然不同的涵义，竟并存达四十年之久，在这期间，鼓浪屿还有着'万国租界'、'公共租界'、'万国公地'、'外人租界'等名堂。这是一本历史糊涂账。"[1]

其实这本账并不糊涂。英文翻译中文并没有严格的一对一的译法。章程标题中的英文单词 settlement 翻译成中文，有居留地、租界、殖民地等意思，译为公共地界，也未尝不可。但不管怎么翻译，有一点是十分明确的：确定鼓浪屿地位的不是文件的标题，而是文件的内容即条款。《厦门鼓浪屿公共地界章程》共有16个条款，其核心内容是：土地还是属于中国皇帝所有，由外国人租用；但租界内行政、经济诸事由外国人为主组成的工部局依照所定法规实施管理。套用现代的词语，鼓浪屿实行的是所有权与管理权分离的体制，土地属中国皇帝所有，实际管理权由常年公会和特会、界内工部总局以及会审公堂共同掌握。从具体条

---

[1] 厦门市档案局、厦门市档案馆编：《近代厦门涉外档案资料》，厦门大学出版社 1997 年版，第 285 页。

款规定的内容来看，即便英文文件的标题能够改为"公共地界"的话，也无法改变文件中由 16 个条款确定的鼓浪屿行政管理权大权旁落的事实。

鼓浪屿原为同安县所属的一个保，与厦门岛一样，一应事务由驻扎厦门岛的兴泉永道、厦防同知、同安县知县共同管理。而这一应官员均由皇帝任命，直接或间接地按照皇帝的旨意进行管理。也就是说，皇帝或者说朝廷是唯一的权力源。划作公共地界之后，权力源发生重大变化。

《厦门鼓浪屿公共地界章程》开篇声明：该章程必须"呈候中国外务部大臣与有约各国驻京大臣商妥，奏请中国朝廷批准，谕旨遵行"。章程的第十六条"修正章程之手续"规定："嗣后发见章程内有必须更正或修订之处，或文字有疑义，或权限须磋商，须由领事团及中国地方官订议妥协，呈由北京外交团及中国最高政府批准。"

尽管章程已经给清王朝很大的面子，须由朝廷批准、皇帝下旨才能实行。但实际上外国领事团、外交使团已经介入章程制定、修改的全过程，并实际执掌章程的执行。清王朝的铁腕统治遭受严重的挑战。北京外交使团和清王朝的最高政府暨清朝廷共同成为鼓浪屿管理的权力源。

二、公共地界的管理体制

《厦门鼓浪屿公共地界章程》为鼓浪屿设计了一套独特的管理体制。由各国驻厦门领事组成的领事团和兴泉永道道台等地方官员可以看作北京外交使团和清朝廷这一权力源混合体在鼓浪屿公共地界的延伸，对公共地界的事务负最终的责任。

章程规定，鼓浪屿公共地界于"西历每年正月"召开常年公会。常年公会由有存案的财产在 1000 元（银元，下同）以上以及每年纳捐 5 元以上的外国人组成，俗称洋人纳税者会。常年公会每年 1 月召开会议，负责公举产生公共地界的管理机构的管理人员，每年对管理机构的工作情况和财政开支进行审查。如果有领事、管理机构或 10 人以上洋人纳税人联名申请，可以举行特别会议，称为特会。但特会中提出的事项，须由半数以上领事批准才可执行。

章程规定，鼓浪屿公共地界设工部局，又称界内工部总局，章程批准的"一切权柄势力"归工部局董事会，是鼓浪屿公共地界唯一的管理机构。工部局董事会成员被称为局员或局董。初期局董由洋人纳税者会公举 5 人、兴泉永道举荐居住鼓浪屿殷实妥当乡绅 1 人充任。由局董公举正、副董事长各 1 人。外国人在鼓浪屿财产在 5000 元以上或年纳租捐 400 元以上的，可以被选为局董。但同一个洋行、同一个教会、同一个公司或同居一屋的，只允许派出 1 人作为候选人。

章程规定，鼓浪屿公共地界的审判机构是会审公堂。会审公堂是清朝廷设在公共地界的官方机构，官员、差役由兴泉永道和福建洋务总局委派。会审公堂负责审理的主要是由工部局指控的公共地界范围内违反公共地界章程、律例、规例的案件，其他重大案件先行审问后则移交地方官审理。涉案人员如有外国人，审问时必须有相关国家领事或领事代表参与会审，会审过程中中外双方如不能达成一致，则该案可上控，由兴泉永道和相关领事提审。从保存下来的 1911 年农历九月二十四日至十一月十二日的卷宗看，会审公堂的工作还是卓有成效的。在上述时间段的 48 天之内，会审公堂共审理案件 42 件，其中有 3 件外国人控告华人的案件：一是据英国人吗磷控告雇工郑六、林依六、程春卿失物疑窃等情。九月二十八日会同英副领事佛提讯，判查无确据，开释。结案。二是据美国人博赖惑遗抱曾因（作者按：姓名译音）控告轿夫林什偷窃银瓢鸡只搜获等情。十月十九日会同美副领事巴提讯，判林什行窃属实，押 4 个月示儆。结案。三是据日本籍民殷雪圃控告黄宗地、黄德业等毁围墙等情。十月二十三日会同日本副领事官田提讯属实，判黄宗地等赔原告修理费 30 元，并罚洋 2 元示儆。结案。[1] 从案件的审理、办结结果来看，会审公堂审理案件基本上是公平的，即便是外国人控告中国人的案件，也看不出有袒护或畸轻畸重的情况。

鼓浪屿公共地界的常年公会即洋人纳税者会只允许有选举权的外国人参加，也就是说，公共地界的大权是掌握在外国人手里的。但这并不意味着公共地界的一切就和界内的中国人毫无干系了。鼓浪屿划作公共地界的 1902 年，岛上有中国居民约 6000人，比外国人刚刚登上鼓浪屿的 1842 年增加了两三倍。这些新增加的岛民少有士绅阶层，大都是在外国人的洋行、公司、工厂里干活，或者是外国人办的教会、医院、学校的成员，有的则是因为外国人到来后增加的就业机会的受益者。客观地说，这些人

1902 年鼓浪屿工部局外国巡捕

[1] 厦门市档案局、厦门市档案馆编:《近代厦门涉外档案史料》，厦门大学出版社 1997 年版，第 469~473 页。

对于鼓浪屿这座小岛为他们提供的生存、发展的机会还是比较珍惜的。对于公共地界的外国人，他们虽然不一定全都心存感激，但大多数还是没有恶意的。由于置身士绅阶层之外，这一时期的鼓浪屿平民与清王朝的关系主要体现在税赋与人身依附方面。作为清王朝的草民，他们对于朝政、对于地方衙门的事务，是无从置喙的。因此，鼓浪屿变成公共地界初期，权力究竟掌握在清王朝的官员手中，还是应该掌握在洋人手中，对于当时的鼓浪屿人来说，简直是个奢侈到极点的问题。

但是，不管当时的鼓浪屿人的想法如何，鼓浪屿公共地界的管理体制活生生地展现在他们的生活当中。自古讲：衙门深似海。老百姓只知道，衙门里的官都是皇上派来的，至于衙门里的官老爷们办些什么事、怎样办事，老百姓是无从知道的。不要说衙门里的官，即便是在衙门当差的衙役，在老百姓面前没有一个不耀武扬威的。鼓浪屿划作公共地界之后，鼓浪屿人第一次知道，那些管理着鼓浪屿的工部局的局董竟然是由纳税人公举出来的，尽管那些有权公举局董的人都是洋人，可那些人大多是洋人中的老百姓。每一年，鼓浪屿的洋人老百姓都有机会和他们国家的领事官员们坐在会堂里，听工部局的官员报告一年来办些什么事、怎么办事，花了多少钱、怎么花的；工部局在新的一年里应该干些什么、怎样把鼓浪屿管得更好，都要一五一十向那些洋人老百姓报告，听取他们的意见和建议。工部局的每一项开支——大到某项工程建设、小到巡捕服装的购置，都不是董事长说了算，而是要通过"招标、投标"一系列复杂的过程才能决定。这一切都使鼓浪屿的中国人大开眼界。

鼓浪屿的老百姓终于知道，那些穿着神气、全副武装的印度巡捕看上去威风凛凛，其实并不可怕。他们并不像清朝衙门里那些气势汹汹的衙役们一样，手中的水火棍随时都可能落在哪个倒霉鬼头上。他们知道，只要自己不犯事，那些巡捕根本不敢把自己怎么样。因为决定自己有没有犯事，并不由巡捕说了算，而是要经过会审公堂的审问定谳。这种"拿人者不能法办，法办者不能拿人"的体制在某种程度上使守法的鼓浪屿人增加了几分安全感。鼓浪屿人将印度巡捕称为"红头阿三"，在挪揄、奚落中彰显着自己的不可侵犯。

在 20 世纪刚刚开始的第三个年头，鼓浪屿人亲身体验到一种与清王朝迥然不同的管理体制。

第三节　工部局与城市管理

一、管理机构

清光绪二十八年十二月（1903 年 1 月），鼓浪屿公共地界工部局（以下简称工部局）成立，并于光绪二十九年四月初五（1903 年 5 月 1 日）开始正式运作。

工部局的决策机构兼监督机构是工部局董事会。董事会设洋人董事 6 名，由洋人纳税者会推举产生；华人董事 1 名，由兴泉永道道台指派。民国 16 年（1927 年）起华人董事增至 3 人，由鼓浪屿华民公会推举。董事会成立初期设公安、财政、工程 3 股，后增设产业估价股。民国 12 年将工程股和产业估价股合并，增设公共卫生股。民国 14 年增设教育福利

鼓浪屿工部局早期办公楼

股。各股负责人由董事会董事兼任，不领薪金，但根据实际工作情况领取津贴。民国 18 年开始，由鼓浪屿华人议事会推举，在公安、财政、工程估价、公共卫生、教育福利各股增派华人委员各 1 名，参与各股事务，但只有建议权，没有决策权。

工部局董事会设有秘书 1 名，为董事会的实际经理人。工部局的具体办事机构为办公处和巡捕房，由工部局董事会秘书负责。故董事会秘书又称工部局局长、巡捕长。

工部局创办之初，办公处下设卫生处、建筑部，下辖修路队、清道队、清洁队等内设机构；巡捕房下辖巡捕分队、侦探队、居民登记处等机构，共 38 人。后随着鼓浪屿人口的增加和各项事业的发展，内设机构和人员逐年增加。民国 17 年（1928 年）起改办公处为书记局、改巡捕房为警务局，下辖机构大致相同，人员增至百余人。民国 27 年 5 月日本侵占厦门岛，前后有 10 余万难民涌入鼓浪屿。为了安置难民、维持治安，工部局人员增至 200 余人。民国 28 年 10 月后，日本侵略者基本控制了工部局，为了加强对鼓浪屿的控制，增聘一批日本籍巡捕，工部局人员达到 349 人。

二、法规律例

工部局成立和运作的法规依据是《厦门鼓浪屿公共地界章程》。该章程开篇规定：鼓浪屿公共地界"内有应添筑修理新旧码头、道路，设立路灯，蓄水通沟，设立巡捕，创立卫生章程，酌给公局延请办事上下各项员役及设法抽取款项，作为以上所用各项之公费"。这些内容涵盖了抽捐收税、社会治安、市政建设、公共卫生等方面。这些内容基本涵盖了近代城市建设的方方面面，因此，工部局可以说是近代厦门乃至福建第一个城市管理机构。即便在全国范围内，也仅仅比上海稍晚。

工部局城市管理的最大特点是依法管理。《厦门鼓浪屿公共地界章程》赋予工部局管理鼓浪屿的全部权力，但又不是毫无限制。该章程规定：工部局拥有《厦门鼓浪屿公共地界章程》及批准附入的规例所赋予的所有权力；工部局局董有随时另行酌定规例、随时删除增改规例的权力，但不能与章程宗旨相背；局董依照章程酌定的规例，必须由兴泉永道与有约各国领事官商妥，经中国政府及驻京公使团批准，经纳税人会通过，方可实行。

依照《厦门鼓浪屿公共地界章程》的规定，在签订章程时，同时制定了《厦门鼓浪屿公共地界规例》(本书附录 3)(英文为 *ByeLaw for the Foreign Settlement of Kulangsu, Amoy*，以下简称《公共地界规例》)，作为工部局履行职务的条例。这份《公共地界规例》共设 20 个条款：管理沟渠、监督私沟、窒碍街道、伸出街道各项（作者按：指房屋檐篷、招牌、篱笆等附属物）、打扫街道房地、公局定时之外挑除垃圾、坑秽（不能在死水坑内堆积令人厌恶之物）、挑除污秽等物（禁止堆积粪水污秽等物）、查视房屋污秽、照顾水井、报犯瘟等（病）毙、阻止公局工役打扫之罚、盖房屋与华洋人居住先问公局、危险货物、执照费、不准嚷闹、不准身带利器、规例（作者按：此条款规定违反常规影响他人正常生活如何示惩）、罚数追缴，最后一项条款规定当事人可以无偿索要此《公共地界规例》的印刷品。

但是，这部仅有 20 个条款的《公共地界规例》显然无法覆盖鼓浪屿城市生活的每一个方面。因此，工部局在制定《公共地界规例》之后，又根据实际需要制定了一系列更为具体的律例，通过告示、条例、章程等形式颁布实施。这些律例（本书附录 4）堪称无所不有、巨细无遗。大的如：重建或新建房屋必须报批、"妓馆　凡本公界内不准开设妓馆"、"赌博　于本公界内不准赌博或开设赌馆，违者定则拿办"、"鸦片　不准于本公界内私运鸦片以及设烟馆，如有不遵守者，定则拘捕究办"；细者如，"游濯　凡有在海边形状令人可厌者，准巡捕立即拘拿。游濯者必须穿游濯衣袂，欲换之时，不得在海边"、"牛奶捐……牛奶瓶之洗涤法如下／（1）先以清水洗净之／（2）洗刷之后，其器皿须原置其位／（3）未分给之时，须经监察员封盖……"、"卫生广告　本鼓浪屿各铺户及肩挑贩卖一切食物者，如鱼肉水果等物，时时用网盖遮，以免蝇蚋传染疾病"……其他的内容还有粘贴广告、滥用风枪、脚踏车、建筑（作者按：设计要求、申报手续等要求）、轿馆章程、家畜、残酷家畜（作者按：指不准虐待家畜）、割伐树木、养犬执照、纸炮（作者按：禁止夜间燃放鞭炮）、羊照（作者按：养羊须领执照）、肩挑贸易执照、名胜石、垃秽物、旅馆执照、非法拘捕、码头章程、风筝（作者按：不准在有电线处放风筝）、酒照（作者按：贩卖洋酒、国产酒均须领执照并接受卫生检查）、嚷酒（作者按：不准猜拳扰民）、工部局办公时间、鸦片、巡捕格外职务（作者按：关于巡捕兼职的规定）、结队游行传单表示（作者按：指游行和散发传单）、告谕（作者按：指非广告类的公示文件）、报告身故章程、双桨小船规则、招牌设置、屠场、遮阳（作者按：关于设置遮阳帷帐的规定）、禁止侵入私业、演戏执照……这些事项基本上涵盖了鼓浪屿生活的方方面面。

　　从文明的角度看，这些规例、律例禁止的绝大多数的行为，基本上都可以划入落后、愚昧、无知的范围，轻言这些规例、律例是"束缚中国人民的手脚"是缺乏依据的。从实施的范围来看，凡居住在鼓浪屿的人不分华、洋，都要受到这些规例、律例的约束，轻言这些规例、律例是"使在鼓浪屿居住的华人与洋人不平等之待遇合法化"是有失公允的。在工部局颁布实施的50多件律例中，有一条唯一的把洋人与华人区别对待的规定："华民肩挑贸易在本界内贩卖杂货所自经过外国楼前者，宜肃静而过，不可大声贩卖，以免喧嚣，并不准立街中以碍行人。"表面上看，这似乎是工部局歧视华人、袒护洋人的证据。但如果从照顾不同的文化和生活习惯的角度来看，这样的规定应该是可以理解的。华人社会的商贩有沿街叫卖的习惯。以厦门为例，在个体小商贩被改造成集体企业之前，从早晨 5 时左右叫卖"荷兰豆"（一种以豌豆为原料、干蒸后供作早餐佐菜的食品）开始，到夜间十一二时叫卖"烧肉粽"，其间还掺杂卖"油条"、"麦奶"、"豆奶"、"豆花"、"土笋冻"、"贡糖"、"茯苓糕"等各种叫卖，旧时的厦门人似乎习以为常了。但相信外国人对此是很难适应的。因此，工部局在维持鼓浪屿华民的传统习惯的同时，为照顾外国人的生活习惯，作出相应的规定，应该说是华、洋双方都可以接受的。如果从今天大部分的居民住宅小区都禁止小商贩到住宅区内叫卖的现实来看，似乎没有必要将工部局当年这样的规定视为大逆不道。时至今日，如果不带偏见、摆脱狭隘的民族主义情绪来看待这些规例、律例，不难看到当年鼓浪屿的管理者管理好这座小岛的决心和苦心。

正是那些无所不在的规例、律例，那些服装奇特的印度巡警，使得当年的鼓浪屿人很快就感受到工部局的存在。使他们感到新鲜的还有一件事：工部局竟然在自己颁布的法规中告诉鼓浪屿人，这个无所不管的工部局可以告人，也可以被人告，老百姓如果认为工部局有什么事情做错了，可以向领事公堂提起控告。工部局在《公共地界规例》开篇之处宣称"管理鼓浪屿地方主权者，系工部局，凡有一切呈禀词讼，可迳递本局。如有人以本局判断未尽公允，然后可上控于领事公堂，应由领袖领事官转达，此外别有主权暨不承认"。应该说，工部局的这段表白并非只是装装门面而已。民国 5 年（1916 年），工部局在鹿耳礁鸡冠石地段黄李氏、黄杨氏、黄固、黄乾等人的世管坟园树碑划为公界。黄姓诸人通过会审公堂向领事公堂提出申诉，经过一番交涉，工部局不得不将界石上的刻字改为"前中国地方官禁卖该地"的字样。[1]

民国 8 年（1919 年）爆发"五四"运动后，随着国民民族意识的增强，工部局在鼓浪屿的权威遭到越来越多的挑战。民国 11 年初，鼓浪屿公共地界常年公会通过决议：通过开征自行车牌照费、（宰）猪牌照费、店铺牌照费筹款 10000 元，用于修建新的道路和沟渠。鼓浪屿的商铺认为店铺牌照费增加了他们的负担，在商业研究会的发动下，联合新闻界、学界和码头工人，开展抗税运动。抗税运动持续了将近一年，工部局董事会最终取消了店铺牌照费，董事长还因此辞职。民国 14 年，上海发生"五卅"惨案，厦门学生为了声援上海工人，决定到鼓浪屿举行游行。工部局以不能保证居民和学生人身安全为由不予批准。北京国民政府海军驻厦门警备司令部参谋长林国赓出面与工部局交涉，以在鼓浪屿部署兵力保证安全为条件，迫使工部局同意厦门学生到鼓浪屿举行示威游行。民国版《厦门市志》稿在林国赓的传记中特意记载此事，称其为鼓浪屿划作公共地界后中国军队首次登上鼓浪屿。[2]

第四节 天风海涛

一、民情砥砺

也许，用天风海涛四个字来形容鼓浪屿人置身工部局的管理之下的感受是最贴切的。像天边袭来的阵风，像海上涌来的波

---

[1] 厦门市档案局、厦门市档案馆编：《近代厦门涉外档案史料》，厦门大学出版社 1997 年版，第 345 页。

[2] 厦门市文献委员会编纂、厦门市地方志编纂委员会办公室整理：民国《厦门市志》稿，方志出版社 1999 年版，第 634 页。

涛，不管你愿不愿意，不管你有没有准备，你都无法躲避。工部局的那些巡捕几乎什么都要管。有一段时间，工部局曾雇佣一些本地人当巡警，配合印度巡警工作，这些人显然比印度巡警容易沟通。但工部局董事会很快就发现了这一秘密，马上以"不中用"和"完全不可靠"为由将这些本地人巡警解雇，改从天津卫、威海卫雇用巡警。这些印度巡警和北方巡警根本不懂闽南"鸟语"，常常是叽里呱啦外加比比画画老半天，当事者还搞不清自己到底违反了哪一条法规，更不用说和他们套套近乎、讲讲交情了。许多中国人都有法不责众的观念，在人多势众的场合往往会有恃无恐。工部局的巡警偏偏不吃这一套，因而发生冲突也就在所难免了。

就在工部局正式运作两个月后不久，清光绪二十九年六月初五（1903年7月28日），鼓浪屿当地人在大宫演戏酬神，因为事前没有到工部局申请备案，被赶来的巡捕命令停止演出。中国宫庙演戏酬神的传统由来已久，即便是鼓浪屿这样的小岛，清乾隆年间就有关于演戏酬神的记载。现在，工部局的巡捕竟然不让演出，宫庙的管理人、戏班和信众显然是无法接受的，当场就和巡捕顶撞起来。巡捕最后将戏班的两个艺人带走，演出当然就无法进行了。当然，此后鼓浪屿宫庙的酬神演出还是照常进行，但演出之前必须先到工部局申请备案。

民国3年（1914年）2月18日，两个印度巡警在巡查鼓浪屿龙头街时，发现福恒发菜馆违反《公共地界规例》第四条"伸出街道各项"的规定，将门板堆放在店外，妨碍行走，便令店员将门板收起。当天下午，巡捕巡查时发现该店又将门板堆放在店外，欲对店员进行处罚。双方发生争执引起民众围观。在争执、围观过程中，发生了巡捕被打事件，巡捕队闻讯集体出动，并向围堵民众鸣枪示警，引起恐慌，龙头街各店铺纷纷关店停市。事态平息之后，福恒发菜馆店主到工部局投案自首，被判处拘禁。

除了类似大官演戏、福恒发事件之类的偶发的群体性冲突，因为生活小节引发的案件也不在少数。《近代厦门涉外档案史料》载有"黄帝纪元四千六百零九年"（即 1911 年）农历九月二十六日至十一月十一日间审理的刑事、民事案件的卷宗。在上述时间段的 45 天之内，会审公堂共审理案件 42 件，其中刑事案件 26 件，民事案件 16 件。[1] 其中有些案件是挺有意思的：

刑事案件有：

——准工部局解送陈老榜私卖洋烟等情。九月二十八日提讯属实，判陈老榜押 40 日示儆。结案。

——准工部局解送白皆徐违犯禁烟章程等情。九月二十八日提讯属实，判白皆徐、吕田限一个月戒断烟瘾投案候检，吴润罚洋 1 元开释。结案。

——准工部局解送蔡洞掘土坏路等情。九月二十八日提讯属实，判蔡洞押 3 日示儆。结案。

——准工部局解送吴浪无耻胡为等情。九月二十八日提讯属实，判吴浪押 1 个月示儆。结案。

——准工部局解送黄用违章持枪等情。十月初二提讯属实，判黄用罚洋 5 元、洋枪存留，3 个月内再行核办。

——准工部局解送豆干嫂等屡次殴打等情。十月初四提讯属实，判豆干嫂驱逐出境、邓依娇押两礼拜。结案。

——准工部局解送刘宗土等扭殴巡捕等情。十月二十一日提讯，判刘宗土等尚无殴捕确据，准不合阻碍巡捕职务，刘宗土、程赞各罚洋 3 元、庄金泉罚洋 2 元。结案。

——准工部局解送陈清河违章持刀等情。十月二十六日提讯属实，判陈清河罚洋 5 元，刀存案。结案。

——准工部局解送黄粗皮欺凌幼童等情。十一月初八提讯属

[1] 厦门市档案局、厦门市档案馆编：《近代厦门涉外档案史料》，厦门大学出版社 1997 年版，第 469~473 页。

实，判黄粗皮赔偿侯定洋 1 元。结案。

——准工部局解送陈和尚、猪屎藤殴打等情。十一月十一日提讯，判两造细故口角，各申斥开释。结案。

——准工部局解送黄粗皮侵人自由等情。十一月十一日提讯属实，判黄粗皮押 3 日示儆。结案。

——准工部局控蔡启祥违背卫生规则等情。九月二十六日提讯，判蔡启祥不合违章，申斥。结案。

——准工部局控陈有宗擅取花木等情。十月十四日提讯，判陈有宗不合擅取花木，从宽申斥。结案。

——准工部局控陈贵生嫂污秽马路等情。十月二十一日提讯属实，判陈贵生嫂罚洋 0.4 元示儆。结案。

民事案件有：

——据民人张章被吴鼓殴伤等情。十一月初十提讯属实，判吴鼓贴原告伤费 1 元，经宽斥释。结案。

——据民人张坂章控吴八司抗欠工资等情。十月十四日提讯，判吴八司所欠张坂章工资 2 元，准抵扣遗失木板之款。结案。

——据民人黄赞夏等控告黄奠、黄榜撰盗卖坟山等情。十月十四日提讯，判黄奠等缴验契据再讯。

——据民人林万山等控告吴阿刘、许良欠租等情。十月十四日提讯，判吴阿刘不到，限许良 10 日内交吴阿刘到案再讯。

上述案件中，对于私卖洋烟、吸食鸦片、损坏公共设施、屡次斗殴、违章持有刀枪、无耻胡为、侵人自由、欺凌儿童等案件，处罚都是相对严格的；而对于违背卫生规则、污秽马路、擅取花木等行为，虽然判为非法，但一般给予训斥，罚款也在 1 元以下。

从上述案件处理的情况大致可以看出几个问题：一是"规例"和"律例"在鼓浪屿并非一纸空文，工部局执行法规基本上是认真的；二是会审公堂办事效率还是比较高的，45 天内审结案件达 42 件；三是会审公堂审理案件还是相当慎重的，证据不足、当事人不到庭，就不贸然结案；四是案件审理基本上是公平的，在工部局控告刘宗土等扭殴巡捕的案件中，并不偏信巡捕的一面之词，判决刘宗土等没有殴打巡捕的确凿证据，仅以阻碍巡捕职务的罪名判处肇事者罚款，其余案件也基本上不存在袒护或畸轻畸重的问题；五是鼓浪屿人的生活似乎受到很多的限制。

显然，作为鼓浪屿的居民，是不能像其他地方的居民一样"自由"。除了不许开采岛上的石头，不许割伐岛上的树木之外，他们还被告知：不许乱倒污水，不许任凭自家的房屋污秽不堪，不许在夜间燃放爆竹，不许在聚餐时猜拳，邻里之间不许打架。厦门人素有"死猫挂树头，死狗放水流"的习惯，在鼓浪屿却行不通，将死猫、死狗丢到水坑中是会遭到处罚的。

不过，有些根深蒂固的陋习不是轻易可以改变的。鼓浪屿设立垃圾箱之后，屿内的卫生状况有了较大改善。但时时存放垃圾的垃圾箱很容易成为蚊、蝇、老鼠的滋生地。民国20年（1931年），以洪显理为董事长的工部局在鼓浪屿推行卫生改良，实行按时收集粪便、垃圾。但仍有人在夜间偷偷将粪便倒入沟渠、随意丢弃垃圾。工部局派出大量人力疏通沟渠、清理垃圾，同时加大对违犯者的处理。当年，全屿处罚阻塞沟渠罚金580元、处罚随意丢弃垃圾罚金349元，按照此类案件每次处以罚金0.4元左右的标准，当年有一两千人次受到处罚。这使洪显理得罪了许多人。但洪显理仍旧坚持他的严格管理、严格处罚的理念。在洪显理任董事长的几年内，工部局的罚金收入一直维持在较高的水平上。其中当然有人口增加的因素，但洪显理的严格作风显然是一个重要的原因。不用说大部分受到处罚的人对洪显理极为不满，即便事隔七八十年，还有人指责洪显理"欺侮"鼓浪屿人民。之后，工部局在人烟稠密之处开挖大井，提取井水后加入卤化石灰，用于冲涤下水道。上个世纪30年代之后的鼓浪屿一度蚊蝇几近绝迹，附近地区几次爆发鼠疫、霍乱、疟疾等传染病，鼓浪屿均得以幸免，就是得益于工部局对公共卫生的严格管理和有效措施。

法律、法规是文化的集中表现。作为鼓浪屿大部分居民见所未见的一种文化，在这座小岛上推行的"规例"和"律例"显然并非一无是处。这种文化的作用不仅仅体现在有效阻止了数百年来的采石、伐木，为历史保存下一座相对完整的"海上花园"；更重要的是体现在对鼓浪屿居民文化素质的影响。经过多年的文化浸淫，在不知不觉之中，厦门岛上的岛民们发现：鼓浪屿人变得"斯文"了。厦门话中的"斯文"，实际上就是温文尔雅的意思。在厦门人的眼中，鼓浪屿人讲卫生、爱花草、守秩序，一般不乱嚷嚷，也不大惹是生非。客观地说，鼓浪屿人性格特征中"温文"的培养与形成得益于"规例"和"律例"的约束。

二、政风激扬

根据《厦门鼓浪屿公共地界章程》的规定，工部局董事会有6名洋人董事、1名华人董事。这名华人董事由兴泉永道委派。首任华人董事为黄赞周，为清朝廷前福州府学训导。清宣统元年（1909年）改派林尔嘉。林尔嘉虽然是富商，但官拜太仆寺少卿，为清朝四品官员，人称林京堂。虽然董事中有一名华人，但多寡悬殊，仅能叨陪末议，于事无补。

但是，鼓浪屿人也有自己的想法。既然洋人纳税者可以通过常年公会来表达他们的意见，鼓浪屿人为什么不可以对鼓浪屿的事发表意见呢？就在工部局成立的那年年底，菲律宾归侨陈日翔发起组织"鼓浪屿会议公所"，每星期聚会一次，讨论鼓浪屿的相关事宜。鼓浪屿人参与鼓浪屿事务的首次尝试不久便失败了。工部局以"鼓浪屿会议公所"未经办理成立手续为由将其取缔。这件事也许会被当作工部局不允许批评甚至讨论公共地界事务的例子。就在"鼓浪屿会议公所"被取缔的同一时期，经批准开办的《鹭江报》刊登了一篇题为"论鼓浪屿充作万国公地之关系"的争论文章，对鼓浪屿被辟为公共地界一事多有微词，并未招致文字官司。[1] 可见工部局在取缔"鼓浪屿会议公所"事件中所强调的只是程序上的合法。这也使鼓浪屿人从中汲取了经验。他们开始通过种种渠道表达对于"鼓浪屿人被置身于鼓浪屿事务之外"的不满。

民国 8 年（1919 年）爆发"五四"运动之时，由传教士开启的鼓浪屿现代教育已经走过半个多世纪的历程，步入相对稳定和成熟的阶段。这一时期鼓浪屿大大小小的知识分子，虽然大多具有宗教背景，但也受到新文化运动的强烈冲击，民族主义思潮以及西方传入的民主思潮都对他们产生了重大的影响。他们对于鼓浪屿被划作公共地界以及鼓浪屿应该由谁来管理产生了新的看法。与此同时，工部局董事会的一些外国人也开始对鼓浪屿的管理体制进行新的思考。

民国 11 年（1922 年）11 月，鼓浪屿公共地界常年公会通过一个决议案：邀请公界内华人纳税者组织顾问委员会，以便将中国居民的意见反映给工部局，协助工部局管理公界。但华人顾问委员会只是常年公会的咨询机构，没有表决权。

民国 12 年（1923 年）1 月，常年公会关于组织华人顾问委员会的决议案获领事团批准。北京国民政府驻厦门交涉署交涉员刘光谦和时任工部局华人董事林尔嘉发动鼓浪屿上层人物，推举黄奕住、王宗仁、黄廷元、卓绵成、薛永黍等 5 人担任鼓浪屿工部局首届华人顾问委员会委员。[2]

民国 13 年（1924 年），在时任英华书院主理洪显理授意之

[1]　中国国民党革命委员会厦门委员会、厦门市政协文史和学习宣传委员会编：《辛亥革命在厦门》，当代中国出版社 2001 年版，第 70 页。

[2]　政协厦门市委员会文史资料研究委员会编：《厦门的租界》，鹭江出版社 1990 年版，第 162 页。

下，鼓浪屿士绅林寄凡仿效鼓浪屿洋人纳税者会章程，于民国14年年初成立鼓浪屿华人纳税者会，会址设在今鼓新路26号林家。当时福建省撤销道，改行省、县制，鼓浪屿华人纳税者会遂代替原兴泉永道推举工部局董事会华人董事。

"五卅"运动后，鼓浪屿商绅黄廷元在鼓浪屿上层中发起组织鼓浪屿华民公会，原鼓浪屿华人纳税者会成员黄奕住、林尔嘉、黄仲训等人均为会员，遂取代鼓浪屿华人纳税者会。[1]

民国15年（1926年）3月，华民公会召开董事会，提出修改《厦门鼓浪屿公共地界章程》，要求将工部局董事会改为7名华人董事、4名洋人董事，并收回会审公堂，改设特别法庭。9月24日，经过几次磋商，因为会审公堂本来就是中方机构，如何改革应由中方自己决定，外交使团同意华董增为3人。12月27日，鼓浪屿华人公会推举黄奕住、王宗仁、李汉青为民国16年度华董。这是鼓浪屿人首次不是由官方指派、而是由民间推举的工部局董事会董事。

民国17年（1928年）1月，因洋人纳税者会欲将洋董增至6人，与华人董事发生分歧，后改洋人董事5人，华人董事3人，同时任命5个华人委员参与工部局财政股、建设股、卫生股、教育股、公安股等5个股办事。虽然参与各个股事务的5个华人只有建议权，无表决权，但华人全面介入工部局的管理事务已成为事实。

不管是华人顾问委员会还是华人纳税者会、华民公会，参加者都局限于鼓浪屿上层人物，与凡是纳税人都可以参加的洋人纳税者会有较大的差别。为了争取更多的鼓浪屿人关注、参与政务管理，华民公会进行了一次较大的改革。

民国17年（1928年）1月27日，华民公会开始筹备成立鼓

---

[1]　政协厦门市委员会文史资料研究委员会编：《厦门的租界》，鹭江出版社1990年版，第26页。

浪屿华人议事会。华人议事会筹备处在鼓浪屿设立 7 个选民登记处，1 月 28 日至 2 月 3 日进行选民登记，再由选民选举产生议事会议员。全屿登记的选民有 2000 余人，2 月 4 日开始投票选举议员。2 月 7 日开票，共选举鼓浪屿华人议事会议员 20 名、候补议员 20 名。2 月 25 日正式成立鼓浪屿华人议事会。[1]

从鼓浪屿华人议事会选举的全过程来看，鼓浪屿人对于选举程序已经相当熟悉，操作相当熟练。从选举结果来看，议员中除了富绅之外，还增加了医师、牧师、记者、中学教师、小学教师、社团组织代表等各界人士，代表性有较大的增强。

随着华人在工部局中实力的不断增强，华、洋董事之间的矛盾逐渐增多。民国 18 年（1929 年）2 月，鼓浪屿华人议事会第十次常会上书国民政府外交部，要求"收回鼓浪屿公共地界，建立模范自治区"。该提案称："住居界内者我华人较洋人多数十倍，即我华纳税人及纳税额亦较洋纳税人及其纳税额多六七倍，但我方除华董之外，无人能列席纳税（人）会，而工部局董事 7 人，我华人只占有 1 席，仅有备员，难参末议……夫负有义务而莫享权利，情理即觉不平。多数主人受制，少数外侨尤感喧宾夺主……华人利益尤觉漠视……前年华董增为 3 名，洋董减少 4 名，合炉而治，通力合作。乃因（建）电灯（厂）问题争论未决，洋人……擅用纳税（人）会，越工部局董事会之行政权，助英商攘夺而去。继于客岁擅增洋董为 6 人，使洋董、华董成众寡悬殊之势，以便操纵工部局事权……处此状况之下，欲为局部之补救，总觉多劳而少效，非从根本解决，收回租界，无以裨补以（于）事……"[2]

[1] 政协厦门市委员会文史资料研究委员会编：《厦门的租界》，鹭江出版社 1990 年版，第 27 页。

[2] 厦门市档案局、厦门市档案馆编：《近代厦门涉外档案史料》，厦门大学出版社 1997 年版，第 327 页。

　　仔细研读鼓浪屿华人议事会的这份"上书呈文"，其中值得商榷之处显而易见。如呈文中将行文之时华人产业、纳税多于洋人数倍的情形与工部局早期7名局董中只有1名华董相提并论，显然有移花接木之嫌；又如呈文中称华人利益尤觉漠视，与当时鼓浪屿华人富商别墅林立的现实尤为不符；再如指责洋人纳税者会助英商攘夺鼓浪屿电灯厂一事亦有较大出入，鼓浪屿电灯厂系经多次投标、磋商，最后由华人组织的鼓浪屿电灯公司获得经营权。[1]思明县知县和时任鼓浪屿会审公堂委员在上报省政府的相关文件中似乎不大同意华人议事会的这篇呈文的说法，他们认为在鼓浪屿，"凡洋人租转地基……并无特别规例及合同格式"，"界内如居住经商纳税等华人待遇与外人并无不同之点"，地租房税

1921年10月10日，鼓浪屿民众举行集会

　　[1]　政协厦门市委员会文史资料研究委员会编：《厦门的租界》，鹭江出版社1990年版，第127~131页。

征收也是"华洋一律"。[1]

鼓浪屿华人议事会上述呈文中的硬伤显示出这个议事会在政治上还有欠成熟。也许，这是对现代透明、公开、面对面政治的操作不够理解，也有可能是受到传统的中国官场风气的影响。传统的中国行政管理为从上到下的条条管理，管理层之间有较大隔离空间，因而存在过分注重"师爷"的"刀笔"功夫、希冀以公文取胜的弊端。但是，华人议事会的进步也是可喜的。工部局成立之初，洋人以岛上洋人产业多、纳税多为由，全面控制了鼓浪屿的管理事务。事隔 26 年，鼓浪屿华人议事会"以其人之道，还治其人之身"，用"华人较洋人多数十倍"，"华人纳税额较洋人纳税额多六七倍"向掌控鼓浪屿的洋人纳税人会挑战。虽然这一议案最终未能实现，但毕竟说明鼓浪屿华人在经济得到长足发展的同时，政治意识也在同洋人的周旋中日渐成熟。

第五节 小岛大世界

一、富裕之屿

清光绪二十九年（1903 年），鼓浪屿人口为 6000 人左右，到大清王朝的最后一个年份 1911 年，岛上的人口增至约 12000 人。这些新增的人口中，有许多被称为番客的海外华人、华侨和内地富户。番客和富户们选择这座小岛，大致有以下几个原因：

一是鼓浪屿的局势比较平静。晚清的中国百姓可以说是灾难深重。太平天国起义、捻军起义、英法联军攻占天津和北京、中日甲午海战、义和团运动、八国联军攻占北京等一系列重大事件

---

[1] 厦门市档案局、厦门市档案馆编：《近代厦门涉外档案史料》，厦门大学出版社 1997 年版，第 331 页。

使社会长期处于动荡不安之中。而偏居福建东南一隅的鼓浪屿，似乎没有受到上述事件的影响。即便是清咸丰三年（1853 年）四月发生的近在咫尺的小刀会攻占厦门的事件，也没有波及这座小岛。厦门小刀会的创始人是加入英国籍的新加坡华人陈庆真，起义时的领导人黄位、黄德美为同安县灌口的富户。由于小刀会的创始人、领导人与海外华人、华侨有着种种联系，小刀会起义时实行保护洋人、海外华人和华侨的政策，洋人集中居住的鼓浪屿未受到多少冲击。此后，福建境内先后发生多起大大小小的起义和太平军各部多次入闽的事件。清同治三年（1864 年）四月，太平天国侍王李世贤所部占领漳州，在长达 8 个月的反复征战中，漳州几乎成为一片废墟。在内地，由于经济衰退，民不聊生，许多地方盗贼蜂起，动乱频仍。而在与大陆有着一海之隔的鼓浪屿，却幸运地免除了这些兵灾人厄。

二是鼓浪屿为番客们提供相对安全的生活环境。清同治年间（1862—1874 年），清政府开始转变对华侨的态度，清光绪十九年（1893 年）八月，清政府驻英国大使薛福成《请豁除海禁招徕华民疏》获准，实行了二百多年的海禁政策宣告废除，"自今商民在外洋无问久暂，概许回国治生置业，其经商出洋亦听之"。[1] 但是，归国华侨被迫害的事件仍时有发生。"凡挟资回国之人，有指为通盗者，有斥为通番者，有谓为偷运军火、接济海盗者，有谓其贩运猪仔勾结洋匪者，有强取其箱箧、肆行瓜分者，有拆毁其屋宇不许建造者，有伪造积年契券、藉索通欠者。"[2] 大清帝国贪渎的官员们在鼓浪屿这座小岛上毕竟不敢像在内地那样为所欲为，无所顾忌。特别是工部局成立之后，在《律例》中明文规定："于本公界内不准非法拘捕，以致惊惧居民，违者即拿办

---

[1] 郭廷以编著：《近代中国史事日志》，中华书局 1987 年版，第 857 页。

[2] 转引自庄国土著：《中国封建政府的华侨政策》，厦门大学出版社 1989 年版，第 260 页。

不贷"；"本公界内不许居民逾入私界，违者必定拿办不贷。"两个"拿办不贷"，显示了工部局保护个人自由、保护私有财产的决心。由于得到工部局的有效保护——实际上工部局的后面是列强的坚船利炮，鼓浪屿在动荡不安、兵匪横行的晚清成为海外华人、华侨的"安全岛"、"避风港"，内地许多富户也慕名而来，把鼓浪屿作为庇身之地。

三是鼓浪屿为番客和富户们提供了内地无法提供的发展机会。厦门开埠之后，国际贸易、航运、金融业和服务业发展迅速，番客和富户们大多把家或企业总部设在鼓浪屿，经营中心则设在一水之隔的厦门：资金多的可以办银行或钱庄，可以投资房地产或者办公司；资金少的可以开商行，置办店铺；再少的做个小本生意也可养家糊口。从投资方式来说，资金雄厚的可以独资创办企业，实力稍逊的可以合股、合资，即便是几十、几百元的游资，也可以存在钱庄里长利息。

和记洋行

番客们选择鼓浪屿作为居留地，密切了鼓浪屿与海外的联系，为这座小岛带来难以估计的发展资金。工部局成立仅仅9年，总面积不到两平方公里的小岛上，除了领事馆、教堂、领事与传教士以及海关职员的住宅之外，还办有罐头厂、机器电气行、制冰厂、米厂等多家工厂，有德记、和记、宝记、瑞记、协隆、宝顺、水陆、旗昌、振昌、美利时、三五、义和等洋行，有汇丰、台湾两家银行，有屈臣氏、主利、台湾记、广顺、德建、和利、裕记、安记、三达石油、亚细亚火油、大阪轮船等公司；岛上还有河仔下男医馆、河仔下女医馆两家医院，有英华学堂、田尾女学堂、田尾妇学堂、高等女学堂、乌埭女学、寻源中学、回澜圣道书院等教会学校，面对厦门岛的东南部一带商业街区基本形成。工部局的年收入几乎翻了一番，达到27264.89元，其中产业税收入18584.86元。尽管屿内的工商企业、文教机构大都规模较小，但由于数量较多，为屿内居民提供了比较充分的就业机会，使得鼓浪屿人在经济方面处于相对宽松的境地。

大清王朝被推翻后，中华民国国民政府继承了清政府与诸列强签订的一系列条约，鼓浪屿作为公共租界的地位没有变化。由于众多杰出华人的参与，鼓浪屿在经济方面的优势仍在继续，新增了许多由华人创办的企业：有中南银行鼓浪屿办事处、太平保险公司，有淘化大同食品罐头厂、兆和食品罐头厂、康泰酱油厂、启新印字馆、育源铸字厂、福建硝皮厂、福建砖瓦厂、南洲花砖厂、东方制冰厂、南计绞米厂、新发绞米厂、成丰加工厂等工厂，还有信合、其富、坤泰、振兴、建成等多家营造厂。

由于地域狭隘，鼓浪屿容纳生产型企业的能力受到极大限制。因此，按照通常的统计方法计算，鼓浪屿的生产总值是微不足道的。但是，这座小岛因为众多企业总部、富商的进驻，拥有极其可观的财富。

民国16年（1927年），以林国赓为司令的国民政府海军漳厦警备司令部发起实施大规模的城市改造，吸引了许多华人、华侨到厦门投资。据大略统计，厦门第一次大规模城市改造期间，华人、华侨创办的房地产开发公司有 23 家、具有设计能力的建筑承包商有 32 家、建筑材料厂店 36 家，[1] 总投资达到 3000 万银元。一些开发商、承包商把门市部设在厦门岛，总部或家设在鼓浪屿。黄奕住创办的黄聚德堂，先后投资 200 多万银元，在厦门市区和鼓浪屿开发房地产，共拥有各式房屋 160 多座，建筑面积达 4.1 万平方米。李昭北、李清泉创办的李民兴置业公司，先后投资 300 多万银洋，在鹭江道、中山路、大同路、镇邦路以及鼓浪屿开发房地产。黄文华、黄仲训父子的黄荣远堂、郭春秧的大通行、曾上苑的曾上苑公司等等，都是名闻一时的房地产开发公司。[2] 加上 19 世纪后半叶以来在鼓浪屿陆续兴办的世界性商行、轮船公司、银行，20 世纪 30 年代初的鼓浪屿成为全中国乃至世

19 世纪末从升旗山俯瞰，已有不少欧式楼房

---

[1]　厦门城市建设志编委会编：《厦门城市建设志》，鹭江出版社 1992 年版，第 106 页。

[2]　厦门市地方志编纂委员会编：《厦门市志》，方志出版社 2004 年版，第 3421 页。

界上企业总部分布密度最高的地区之一。

在财富大量集中的同时，鼓浪屿的房地产业迅速兴起。民国 2 年（1913 年），林尔嘉在港仔后修建菽庄花园，成为鼓浪屿华人富商营造中西合璧私家豪宅的滥觞；民国 2 年前后，杨姓富商在今鼓新路、安海路陆续建成名为杨家园的 4 幢别墅；民国 4 年，林尔嘉在今鹿礁路建造八角楼别墅；民国 6 年，法国籍华人黄仲训在日光岩山麓陆续建造瞰青别墅、西林别墅；民国 9 年，黄奕住在田尾兴建黄家花园；民国 9—19 年，菲律宾华侨黄秀烺、黄念忆在今福建路兴建由 5 幢别墅组成的海天堂构；民国 10 年前后，富商许汉在今笔山路建造别墅亦足山庄；民国 15 年，黄奕住之子在田尾兴建观海别墅；民国 15 年，菲律宾华侨李昭北、李清泉在升旗山山麓建造榕谷别墅。就连凭仗几杆枪横行霸道的一些军阀、土匪也把自己的藏身之处选在鼓浪屿。当然，不能因此就说鼓浪屿公共地界成为军阀、土匪可以逍遥法外的"安乐窝"。民国 17 年北洋军阀张毅被南京国民政府押往广州枪毙之后，工部局就根据漳厦海军司令部的照会，将他在港仔后的别墅标封，鼓浪屿华人议事会随后呈文并获得各方准许，将该别墅作为鼓浪屿中山图书馆馆址。

在富商巨贾竞相营造别墅洋楼的同时，民国 13 年（1924 年）前后，黄奕住、李昭北、郭春秧等投入巨资，在鼓浪屿面对厦门岛的滨海地带建造楼房，形成龙头路、日兴街、锦祥街等商业街区。民国 23 年，工部局产业税款收入达 16.68 万银元，按照房产价值 5000 元以下纳税率 1%、5000 元以上纳税率 0.5% 估算，鼓浪屿的房产价值应该高达 3000 万银元左右。按照规定，在鼓浪屿建造房屋须到工部局领取建筑执照，根据工部局发放建筑执照的统计，仅民国 13—25 年间，鼓浪屿建造房屋达 1010 座。[1] 而

---

[1]　厦门城市建设志编委会编：《厦门城市建设志》，鹭江出版社 1992 年版，第 185 页。

据近年来的资料，鼓浪屿建筑于 1949 年之前的老建筑有近 1200 座，2001 年确定 40 座为鼓浪屿历史风貌建筑，2011 年评出 351 座为第二批历史风貌建筑，其中 80 座为重点建筑。在总共 391 座历史风貌建筑中，首批确定的 40 座与第二批中的 80 座重点建筑，堪称存世建筑精品，其价值是无可估量的。实事求是地说，这是公共地界留给世界的宝贵遗产。

与经济发展和房地产开发相适应，市政设施建设也取得长足进展。清道光二十四年（1844 年），美国人把近代邮政事业带到鼓浪屿，创建了国内最早的邮政办事处；清同治十年（1871 年），丹麦大北电报公司在鼓浪屿开办收发电报业务，鼓浪屿成为国内最早开通电报的地区之一；清光绪三十年（1904 年），日本人率先在鼓浪屿和厦门岛之间使用电话，随后于民国元年（1912 年）在鼓浪屿创办川北电话公司；民国 2 年 8 月 29 日，英商韦仁洋行创办的鼓浪屿电灯厂开始发电照明；民国 12 年，黄奕住创办

20 世纪 30 年代的鼓浪屿龙头路

的厦门电话股份有限公司收购厦、鼓两家电话公司后，铺设了过海电缆，实现了厦、鼓之间的通话；民国 19 年在梨仔园和日光岩修建低、高位蓄水池，在岛上铺设配水管道，民国 21 年开始向岛上居民供应自来水；民国 26 年 7 月 1 日，厦鼓轮渡开始通航。鼓浪屿在努力证明：这座世界上最富裕的岛屿在市政建设方面也是不甘落后的。

富裕的鼓浪屿并非没有穷人。屿内的贫富差距还是很大的。富翁享受花园别墅、穷汉仅靠片瓦立足可以说是司空见惯的。但值得注意的是，鼓浪屿特殊的文化造就了一种"富者仁，贫者不贱"的社会氛围。屿内著名的富翁黄奕住、林尔嘉、黄廷元、卓全成等，同时都是著名的慈善家，屿内众多的学校、医院、怜儿堂，都是靠屿内富人捐资维持的。即便为许多人所诟病的黄荣远堂堂主黄仲训，也有顺应社会舆论、把购来准备修建私家花园的大片土地捐出，以供建造延平公园之举。民国 11 年，工部局开征店铺牌照税，遭到各商铺反对，最终由黄奕住捐献 1000 银元抵扣当年店铺牌照税。民国 12 年，由屿内富裕阶层和知识分子阶层为主成立的华人顾问委员会向工部局提出免除提篮叫卖的老人和小孩的小贩牌照费的建议并得到采纳。说明屿内富裕阶层对于贫困阶层的状况还是给予相当的关注的。在屿内的教堂、学校、医院等公众场合，极少发生以富欺贫的现象，贫富之间的平等交流基本成为常态。

民国 26 年（1937 年），虽然受到抗日战争爆发的影响，但鼓浪屿仍然交出一份相当不错的答卷：当年工部局产业税收入 11.17 万银元，比上年略微增长；由于受到战争影响，建筑执照费收入仅有 0.05 万银元，只有上年的 1/3 弱、最高年份（1934年）的 1/9；罚金收入 0.13 万银元，比上年略微下降。全年财政总收入 14.43 万银元，是 1903 年的 9.37 倍；财政总支出 14.52 万银元，是 1903 年的 10.45 倍。

二、文化生态

时至今日，我们仍然无法对公共地界时期工部局在鼓浪屿实行的文化政策作出准确的描述。确切地说，在鼓浪屿公共地界的所有法律条文中，看不到任何关于意识形态方面的不管是提倡还是反对或者限制的文字。工部局对于包括华人、洋人在内的鼓浪屿居民的行为，哪怕是小舢板停靠在码头的哪一边、在公共场所大声喧哗、随地丢弃垃圾等等的细小行为，只要影响到鼓浪屿的安全、秩序和卫生，都有极为具体、细微的规定，唯独在意识形态方面，全然放任自由。也许，正是这种放任自由，造成了公共地界时期鼓浪屿独特的文化生态。

鼓浪屿文化生态的第一个特点是报业蜂起。晚清时期，西方各国的新闻事业已经有了一两百年的历史，基本形成办报自由的传统。各国驻中国使领馆具有报刊登记的职权，只要在使领馆登记注册，就可以建社办刊。因此，鼓浪屿成为各国驻厦门领事馆驻地之后，成为晚清时期厦门报刊的滥觞之地。

《鹭江报》

　　早在鼓浪屿划作公共地界之前的清同治十一年（1872年），英国人就在鼓浪屿英国领事馆登记创办英文报刊《厦门航运报道》，与著名的《申报》同时创刊。清光绪十二年（1886年），英国传教士布德（C. Budd）创办闽南话罗马字报刊《厦门新报》。随后，打马字牧师创办闽南话罗马字《漳泉圣会报》。《厦门航运报道》主要报道航运业务，《厦门新报》和《漳泉圣会报》除了报道传教动态之外，还有时事新闻。清光绪二十八年，英国人山雅各 (Rev. Jas Sadler) 创办第一家综合性报刊《鹭江报》。民国2年（1913年），基督教福民小学叶谷虚创办《道南报》，后发展为基督教闽南教会机关报《道南日报》，民国7年，一位英国籍华人在鼓浪屿英国领事馆登记创办一家报纸，后来成为厦门乃至闽南地区历史最长、影响最大的民营报纸——《江声报》。

　　日本领事馆登记的报刊有黄乃棠和连雅堂于清光绪三十年（1904年）创办的《福建日日新闻》，翌年更名为《福建日报》；

《民钟日报》

林尔嘉以其子林景仁的名义为主于清光绪三十三年创办的《全闽新日报》[民国8年（1919年）后演变为"台湾总督府"的机关报]。

民国5年（1916年）由菲律宾华侨林翰仙和闽南革命党人许卓然创办的《民钟日报》则是在美国领事馆登记的。

除了前述各报之外，还有《厦门画报》、《厦门时事商业报》、《厦门时报》、《思明日报》、《厦声报》等数十家报刊，包括同盟会会员创办的《南兴报》、《南声日报》、《闽南日报》等报刊，大多是利用公共地界外国领事馆关于新闻管理的方法得以创办和生存的。民国11年（1922年），《厦声报》记者杨愚谷因为批评厦门司法腐败，被思明地方审判厅和思明地方检察厅判处有期徒刑1年6个月、剥夺公民权6年。《厦声报》系在美国领事馆登记的报纸，美国领事出面交涉、提起上诉，被福建省高等法院改判无罪。

鼓浪屿虽然偏居福建东南海隅，岛上所办报刊却大多视野开阔。创办《鹭江报》的英国人山雅各于清同治六年（1867年）到厦门传教，清光绪二十四年（1898年）创办英华书院，对中国有相当的了解。他主持的《鹭江报》一是注意和中国的环境相结合，除了设有一般报刊的新闻报道、中外纪事、地方消息、时事评论、副刊类诗文之外，还设有上谕恭录、紧要奏折等专栏。二是坚持有见辄书、有闻必录、言论自由的编辑方针。尽管山雅各是基督教传教士，但《鹭江报》所刊内容并不受基督教教义限制；尽管山雅各本人持英国人的立场，但《鹭江报》的时事评论却可以刊登批评西方各国的文章。民国23年（1934年）有报刊刊登文章，公开质疑工部局额外开支过多。工部局的应对方法是："将最近十余年来之岁收岁出之比较表公布之，阅者一览便悉额外开支并不大增。盖所有岁收之盈余悉数充诸公共卫生及健康之改造与夫本局警政之改善也。"[1] 三是注重帮助读者增见识、广见闻，积极宣传，推广新学、新政。[2] 大多数报刊的办报方针和主张，也和《鹭江报》大同小异。清末以来，鼓浪屿人渐渐变得眼界开阔、见多识广，出现了一大批世界级的学者，同众多报刊的影响、熏陶有着密不可分的关系。

公共地界时期的鼓浪屿文化生态的另一重要特征是各种意识形态相互宽容、共生共存。

包括基督教新教（俗称基督教）、天主教在内的耶稣教文化进入鼓浪屿的时间较晚，到 20 世纪 30 年代也不过只有七八十年的历史，岛上的耶稣教信徒大约有两三千人，占岛上总人口的 1/8 左右。但是，如本书第四章所描述的，一批又一批具有献身精神的传教人士凭借不懈的努力、严密的组织机构、严格的教义要求、完善的活动方式，佐以慈善医务活动和传播新式教育，使

19 世纪末兴贤宫

[1]《1935 年鼓浪屿工部局报告书》中文译本，第 4 页。

[2] 许清茂、林念生主编：《闽南新闻事业》，福建人民出版社 2008 年版，第 3 页。

耶稣教文化成为岛上最具影响力的意识形态。

岛上还有儒、释、道等中国传统文化。虽属不同的文化派别，但三者之间相互渗透、相互交叉的现象比较明显，故适当合并叙述。公共地界时期的鼓浪屿，约 7/8 的居民隶属中国传统文化圈。

儒家文化虽然在中国源远流长，但却迟至清康熙二十三年（1684 年）之后才进入鼓浪屿，但其影响却和这座小岛的经济基础一样单薄，一样乏善可陈，以致清道光十九年（1839 年）刊印的《厦门志》不得不将明代厦门岛的名士池显方建在同安县城外的晃园附会在鼓浪屿日光岩山脚下。清光绪二十年（1894 年）中日爆发甲午海战后，清政府被迫将台湾割让给日本，一批不愿充当日本臣民的士大夫内渡厦门，寓居鼓浪屿，成为这座小岛儒家文化的代表人物。林尔嘉是这批人的领袖。他以菽庄花园为主要活动场所，与清进士许南英、施士洁、汪春源、陈海梅，举人沈琇莹，画家兼诗人龚植以及厦门名士周殿修、周殿熏、李禧等，成立菽庄吟社，还出资刊印《菽庄丛刻》8 种、《菽庄丛书》6 部，保存地方文献，以极大热忱传播传统文化。著名富商郭春秧以尊孔著称，民国 13 年（1924 年）捐款重修曲阜孔庙。《民国厦门市志》稿称其"慨世教陵夷，因创设孔圣大道会，号召海内外"。

鼓浪屿的释氏文化可追溯至明万历年间，但因为地偏人少，加上闽南多数佛教信徒大多持"重拜拜、轻佛经"的态度，号召力反而不如其后进入的耶稣教。不知是否受到基督教教会医院的影响，民国 20 年（1931 年），由香港商人郭大川资助，鼓浪屿日光岩寺聘请精通青草药和中医外科的名医陈焕章，在寺内施诊赠药，民国 27 年增办黄家渡难民所施诊点，但其影响和社会效果还是无法与教会医院媲美。

鼓浪屿民间的道家文化严格说来只是一种民间俗神崇拜，并无严格意义上的宗教内容。信众虽多，但多数为释、道不分。说起鼓浪屿的道教，不能不说到了闲社。民国 15 年（1926 年），寓居鼓浪屿的闽侯人林端医生在鼓浪屿设立了闲分坛，又称了闲社。同一般的道教神坛不同，参加了闲社的大部分是知识分子，著名的厦门城市改造的总设计师周醒南就是其中一员。了闲道坛应该是归于道教的。可鼓浪屿的了闲社却也供奉地藏菩萨和观音菩萨，弘一法师、圆瑛法师以及会泉、转逢等名僧也多次到了闲社举办法会或讲经。

尽管耶稣教、儒、释、道等文化共同跻身于鼓浪屿，使这座小岛显得尤为拥挤。但公共地界时期的鼓浪屿从来没有发生过诸如"教案"之类的群体性冲突，这在中国近代史上几乎可以称得上绝无仅有。

形成鼓浪屿各种文化和平共处的局面大概有以下几个原因。

一是公共地界的常年公会以及工部局董事会在管理公共地界的过程中基本排除意识形态的因素。尽管常年公会即洋人纳税者会绝大部分为耶稣教信徒，工部局董事会的洋人董事均为耶稣教信徒甚至本身就是传教士，但他们在决定工部局事务时并不夹杂有宗教方面的因素。鼓浪屿儒家文化的代表人物林尔嘉，多年担任工部局的华人董事。鼓浪屿人黄省堂因为能力突出、人品出众，先后任英华书院教师、工部局华人委员和副董事长、英华书院董事长，但黄省堂却是个著名的佛教信徒。了闲社成员周醒南也因为在工程方面的造诣，被推举为工部局工程股的华人委员。

二是鼓浪屿宽松、自由的氛围使得不同文化类型的共生共存成为各方人士的共识。基督教刚进入鼓浪屿之时曾有严格规定：欲进入教会学校就学者和到教会医院就医者均需信奉基督教。清光绪三年（1877 年），基督教传教团体一名负责人提出意见，反对在医疗机构里布道和进行与基督教牵连的一切事情。这个反对意见得到采纳。[1] 以传教手段出现的教会医院逐渐演变为慈善医疗机构。随后，大部分教会学校也取消了入学者一定要信奉基督教的规定。宽松、自由的意识形态氛围也为各个不同文化形态之间的交流创造了可能性。教会办的毓德女中、寻源书院、英华书院等学校，在传播科学新知的同时，将儒家的代表作《四书》作为国文课本。毕业于鼓浪屿回澜圣道学院的华人传教士庄垂青在闽南各地传教、办理地方公益及教育事业，同时潜心国学研究，立志冶儒、耶为一炉。他为自己取字重华、号舜同，浓厚的传统文化色彩不言而喻。他声称"阐扬教旨，不离经术"，成为闽南基督徒中能精研儒学的第一人。居住在笔架山的厦门大学校长林文庆，成长于基督教的文化氛围，对中国传统文化也有深入的研究。他秉持"国学与西文两者不可偏废，而尤以整顿国学为最重要"的办学方针，强调"学新科学而不要忘记旧文化"，提倡尊孔崇儒，致力于研究和发扬国学，成为在中、西文化中都有重要建树的著名学者。这些领袖级人物对于中、西文化的态度，显然对鼓浪屿这个方寸之地有着举足轻重的影响。

　　共生共存不等于不同文化形态之间可以保持一团和气。局部的、小规模的冲突仍是不可避免的。前述大宫演戏酬神与龙头街福恒发菜馆门板引发的群体性事件实际上可归结为传统农耕经济文化背景下形成的生活习惯与市民生活规范之间的冲突。联系到时至21世纪的当今之世，在厦门这样的沿海开放城市规范挂牌养宠物狗的难度，就不难理解一个世纪前在鼓浪屿发生类似事件是不足为怪的。值得一提的是，当年发生在鼓浪屿的大大小小的此类事件，最终都在公共地界所颁布的法律、法规范围内得到解决，其中影响最大的是著名富绅、工部局董事会华人董事林尔嘉与几任厦门海关税务司因土地纠纷引发的官司。

---

[1] 腓力普·威尔逊·毕著：*IN AND ABOUT AMOY*，陈国强译，中国基督教卫理公会出版社1912年第2版，厦门市博物馆1991年刊印，第133页。

　　林尔嘉与几任厦门海关税务司的官司从民国 11 年（1922 年）开始，官司从工部局、思明县打到厦门，厦门道（原兴泉永道）、福建高等法院、北京，最后又回到鼓浪屿，到民国 20 年达成和解，前后达 9 年之久。据传林尔嘉为了这场官司，还特意派一子到英国攻读法律。这场官司影响虽大、时间虽长，但说到底就是不同文化背景对地权、物权理解不同所形成的对立。厦门海关税务司这边以英国法律为背景，认为自己兴建在前的税务司公馆的价值包括该公馆观海、下海的便利在内，且与下海途中的相关地段的主人签订有置留权契约，因而应该受到保护；且林尔嘉在海滨建桥，未获得工部局建筑执照，亦未得到厦门理船厅的批准，违反了《厦门鼓浪屿公共地界章程》第十条和《厦门口理船章程》第二十款的规定，故不应受到保护。林尔嘉则从中国法律的背景出发，认为自己既然购得海滨土地，就有权在相应地界之内营造建筑。最终双方达成协议如下：厦门海关税务司承认税务司公馆下海所经之地所有权属林尔嘉，公馆为使用该地，每年给付林家租金 10 元；林家划出长、宽各 25 英尺的地块作为税务司公馆通海的路径，并声明"无意"在可能影响海关税务司公馆观海之处兴建高大建筑。

　　对于林尔嘉与厦门海关税务司的这场官司，轻言孰是孰非、孰赢孰输似乎有失之草率之嫌。若说林尔嘉无理取闹，林尔嘉应该不会对海关税务司无理取闹；若说海关税务司仗势欺人，海关税务司应该不会仗势欺负林尔嘉。双方以达成妥协的结果结束这场官司，说明不同文化形态之间并非一定要较量出非胜即负、你死我活的结局。这也是鼓浪屿公共地界文化生态给予世人的启示之一。

　　鼓浪屿这种特殊的文化氛围，经过数十年的郁积酝酿，终于绽放出两朵奇葩。20 世纪 80 年代初，鼓浪屿人舒婷以"朦胧诗"享誉中国诗坛。舒婷所属的鼓浪屿龚姓可通过菽庄吟社龚植追溯至泉州龚氏家族。诗界将舒婷的诗划入现代派，但其诗作中的精气神却直追《诗经》"兴、观、群、怨"的传统，其朦胧亦可在唐代李商隐处寻得源头。21世纪初，鼓浪屿人李秋沅以其鼓浪屿系列小说《木棉流年》、《记忆的碎片》等蜚声文坛。李秋沅出生于鼓浪屿的基督教世家，几代传承的基督教文化在她身上刻下深深的痕迹。她用基督教的情怀向世人诠释了一个最真实的鼓浪屿。

三、中立之地

鼓浪屿工部局颁布的《律例》中，有一条关于"结队游行传单表示"的法规："鼓浪屿既属公共地界，五方杂处，人民日繁，治安亟应维持，秩序不容紊乱，以固公共之利益，抑亦本局之责任也。况当兹时局纠纷，遍地骚扰，而于此偏小之公界，尤易构怨而酿成巨患，清夜思之，怵焉忧虑。本局深愿各居民对于平素所有行为，务必忠义慎重，倘所做何事或若何举动及表示，致使甲国人民触怒乙国人民者，本局均当防止之。嗣后，除国庆纪念，群相祝贺，以及学校宗教团体社会，有正当之秩序、肃静之经过，与夫婚娶、丧葬之寻常阵行外，凡有其他之结队游行或传单表示，未先得本局之许可者，则本局巡捕长暨巡捕员，均受有明令，得随时阻止之。"本则法规的前半部分明确表示：工部局以维持鼓浪屿治安秩序为最高利益，在国与国之间恪守中立。这个国与国之间恪守中立的表态加上"不准非法拘捕"、"不准逾入私界"的法规，为各种政治派别在这座小岛开展活动提供了掩护。

清光绪三十三年（1907年）正月，中国同盟会南洋支部派黄乃裳至厦门，在鼓浪屿先后发展许春草等人为同盟会会员。同年，同盟会会员施铭在鼓浪屿救世医院开展秘密活动，先后发展王兆培、周明辉为同盟会会员，开展反清活动。翌年，同盟会会员邱廑兢、王金印等人在河仔墘（今泉州路）创办鼓浪屿阅报所，后由黄约瑟等人在大河墘（今龙头街）创办闽南阅报所，启发民智，开展革命宣传。黄廷元捐款 100 银元赞助同盟会把邹容的《革命军》更名为《图存篇》印制散发。[1]

民国 3 年（1914 年）年底，在英华书院任教的叶青眼被孙中山委任为中华革命党福建支部支部长，民国 5 年在鹿耳礁一杨姓华侨家中成立中华革命党福建支部。

民国 8—9 年（1919—1920 年），蒋介石率粤军第二支队攻打福建北洋军阀时，因与陈炯明等将领意见不合，三次避居鼓浪屿，与北洋军阀驻厦门臧致平部隔江相望，时间最长的一次前后达 4 个月之久。

民国 13 年（1924 年）3 月，庄希泉、许卓然以鼓浪屿图书馆为掩护，发展中国国民党党员，并在鼓浪屿创办光华小学，作为活动基地。

民国 19 年（1930 年）2 月 15—20 日，中国共产党福建省第二次代表大会在内厝澳 449 号曾家园召开，恽代英作为中共中央代表参加会议。会议选举罗明为中共福建省委书记，并通过政治、组织、职工、农运、军事工作等十项决议，对指导全省革命斗争起了重要作用。之后，屿内福州路127 号二楼、虎巷

1930 年中共福建省委机关驻地内厝澳曾家园

---

[1] 中国国民党革命委员会厦门委员会、厦门市政协文史和学习宣传委员会编：《辛亥革命在厦门》，当代中国出版社 2001 年版，第 8 页。

8 号一度成为中共福建省委机关、军委机关驻地，三明路 17 号一度成为共青团福建省委机关所在地。

当然，也会有一些负面的东西：民国 23 年（1934 年），南京国民政府派军事特派员杜起云到厦门处理"福建事变"的善后问题。杜起云原为北洋军阀周荫人的部将，到厦门后在日本间谍的策动下，勾结闽南的一帮土匪，阴谋成立"华南国"。这个阴谋败露后，杜起云被南京国民政府处死。这个"华南国"的办事处一度设在鼓浪屿大东旅社。民国 25 年 3、4 月间，日本特务机关在厦门策划开展"福建自治运动"，在鼓浪屿中华旅社成立"福建自治运动委员会"。

应该说，上述事件都是有关政党、政治派别组织开展的活动，工部局恪守中立原则，并没有参与其中。不能因为上述正面事件将鼓浪屿誉为"革命策源地"；当然，因为上述负面事件将公共地界贬为"罪恶场所"也是有失公允的。

当然，中立的政治立场并不意味着工部局可以彻底远离政治。因为工部局只是鼓浪屿这座小岛的管理机构，应土地主人——先是清王朝、后是北京国民政府和南京国民政府的照会要求，驱逐某些革命党人或禁止某些活动，都是难以避免的。民国 12 年（1923 年）6 月 6 日，工部局警务处发现集美学校罢课学生头目在鼓浪屿第 245 号房设立指挥机构，并发现他们有胁迫其他两位不愿罢课的学生的行为。警务处主任劝说这些罢课学生头目在第二天下午 6 时之前离开鼓浪屿。第二天下午 7 时，罢课学生头目拒绝离开，警务处派出一队警察和 12 个帮助运送行李的杂役，强行将这些学生遣送出鼓浪屿。强行遣送的理由是警务处主任认为"集美事态与鼓浪屿毫无相关"，"在租借地有这样的宣传员是对其他学校的学生和本地居民的极大威胁，让他们在这里设立司令部引起很大的麻烦"。从工部局留存的档案来看，其中也不乏限制、防范、破坏中国共产党地方组织活动的措施和行动，其原因被解释为与国内地方执政当局的办案合作。正如工部局所坦承的："本局虽大致保持中立，对于政治上及法律上之罪案，却与当地官厅切实合作，极力援助云。"[1]

使人觉得多少有点意外的是，一位工部局警务处处长在所写的关于防范共产党的"暴动"的报告中肯定，"显然共产党的活动能力是很强的，组织也很完善，赢得劳动界和知识分子界的支持"。[2]

四、工部局的告别演出

民国 26 年（1937 年）"七七"事变之后，日本不断加紧在闽南的侵略部署。为了应对即将到来的战争，工部局开始储备粮食，并通告鼓浪屿居民储备一个月的生活物资。显然，工部局对

1938 年 5 月 10 日，难民涌入鼓浪屿

[1] 《1937 年度鼓浪屿工部局报告书》中文译本，第 8 页。

[2] 厦门市档案局、厦门市档案馆编：《近代厦门涉外档案史料》，厦门大学出版社 1997 年版，第 435~437 页。

即将到来的战争的残酷性和持久性预计不足。当年 10 月，日本侵略军占领与鼓浪屿一水之隔的金门两岛，数千名难民逃到鼓浪屿避难，工部局的管理、鼓浪屿的居民开始承受战争的考验。民国 27 年 5 月，日军侵占厦门岛，大批难民涌入鼓浪屿。日本入侵的第一天，退避鼓浪屿的主要是老弱妇孺，人数大约数千人。随后的两三天，每天都有上万百姓从厦门岛越海避难。日本侵略军占据厦门岛后，不许百姓逃离厦门岛，但每天仍有数百上千人想方设法逃到鼓浪屿。鼓浪屿原有居民 3 万余人，厦门岛沦陷之后的十余天内，人口激增至十余万人，情势陡然陷于从未有过的严峻之中。

此时的鼓浪屿，业已经历了数十年现代文明的浸淫，现代社会危机处理、救济共济的意识已经基本形成，多年来建成的国际性交往为应对这场旷古未有的危机提供了人力、财力、物力的保障。

（一）争取国际援助

抗日战争初期的鼓浪屿，已经形成比较固定、畅通的国际联络途径，一是屿内各教会组织与其国外教派或差会之间的联系；二是通过屿内机构或个人与扶轮社、童子军、伦敦废除奴隶及保护土番会等国际组织建立联系；三是与鼓浪屿有着血缘、亲缘、商缘的众多的海外华人、华侨的社会团体及个人。厦门岛沦陷之前，扶轮社就已经在鼓浪屿婢女收容院开展义务诊疗、捐款等活动。厦门沦陷之后，鼓浪屿随即成立国际救济会，广泛争取国际援助，解决安置、疏散难民所需经费。民国 27 年（1938 年）5 月 12 日至 6 月 30 日，菲律宾、印度尼西亚、缅甸、泰国、香港、吉隆坡、马六甲、新加坡、印度、越南、柬埔寨等国家和地区华人、华侨团体和个人汇来的捐款 146007.45 元（法币）、2973.86 元（沪币）和 31000 元（港币），这些捐款还不包括各教会组织以各自名义所募得的数量。

（二）最广泛的社会动员

公共地界时期鼓浪屿最早设立的社会自治机构是铺户自治会，后改为商业联合会、商会。民国15年（1926年）前后，先后成立建筑、码头、双桨、洋务等工会。黄、陈、吴、林、何等姓还成立有家族自治会。民国17年成立华人议事会之后，屿内华人社会团体得到较好的整合。这些社会团体加上各个组织严密的宗教机构，在应对危机的过程中发挥了重要的作用。

救济机构　为了应对危机，工部局发动中外人士，成立了鼓浪屿各界联合救济会，随着局面日益严峻，改为鼓浪屿国际救济会，扩大了救济机构的影响力和救济能力。鼓浪屿国际救济会由美国归正教牧师卜显理（Henry Poppen）任主席，基督教团体国难救济联合会会长丁锡荣任副主席，工部局局长兼秘书巴世凯、华侨银行行长洪朝焕等人任各股股长。救济会团结屿内各社会团体，充分调动蕴藏在洋人、华人之中的潜力从事救济工作，就连各学校的童子军，也全体出动，承担起为难民带路、劝募衣物等任务。

物资供应　民国26年（1937年），面对日益紧张的战争威胁，华人议事会随即设立粮食统制委员会，与商会共同商定、实施统制粮价的措施，杜绝奸商趁机抬高粮价的现象。民国27年5月13日厦门岛沦陷，美记行、有利行、协隆行等粮商移居鼓浪屿，当天就用木帆船抢运2000余包大米到鼓浪屿供应难民。随后，工部局与这些粮商协商，组成美利隆粮行，采办大米，确保屿内居民和10万难民的用粮，并有余粮转供厦门。数月后，鼓浪屿"仰光帮"、"香港帮"、"上海帮"等数十家粮商开业，粮食供应渐趋平稳。在其他民生商品供应方面，则没有出现原先担心的匮乏、紧张状态。公共地界自设立以来就实行自由的市场经济。厦门沦陷后，大量人口涌入鼓浪屿，许多商家、银行、信局也把设在厦门岛的机构撤到鼓浪屿，反倒给这座小岛创造了极

厦门沦陷时期的鼓浪屿难民营

大的商机。屿内的市场、龙头街、日兴街、鹿礁路、锦祥街等传统商业街一时间商家林立，肩挑设摊的商贩更是随处可见。内厝澳、康泰垵海滨成为鼓浪屿与嵩屿、海沧等内陆港口对渡、物资交流的码头，岸边搭盖了几十间棚屋，作为临时商店、饮食店，原先多少显得有些冷僻的海滨成为熙熙攘攘的商业区。屿内商业、服务业的繁荣持续了一年多，不仅解决了屿内人口猛增带来的民生物资供应的问题，还为部分难民提供了就业机会。

　　收容所　灾难发生之初，救济会利用学校、宫庙、教堂、戏院和宽敞的建筑等场所，计划设立 20 处收容所，但这样的规模与实际所需相差太远，只得随难民人数的增加不断增设收容所。两个月之内，收容所增至 53 家，共收容难民 40000 人左右，分散收容和寄居在亲友家中的难民数量大约与收容所相同。难民潮过后，一方面因为许多收容所需要恢复原来的用途，另一方面为了便于集中管理，国际救济会在黄家渡等处的海滨空地上搭建了30 座篷厂，供难民居住。

难民给养　前期数日采用发放食米，由难民自行煮食的办法，随即发现此种办法除了炊具、燃料难以解决之外，还严重影响环境卫生。国际救济会与淘化大同公司和兆和公司设在鼓浪屿的制造厂联系，得到两厂的大力支持，承担难民收容所的煮粥工作，改用统一提供米粥的给养办法。给养办法和标准为：25 人一组，每日提供米粥 2 次，每次 1 桶约 50 碗，外加熟豆、咸菜或酱料等。头两个月给养人数每日平均 40150 人，平均每日用米约 15936 斤、烧煤约 3 吨。之后，陆续有难民离开，国际救济会也筹资帮助 7000 余名难民返回福州、泉州、兴化 3 地，厦门沦陷当年年底，给养难民还有 14000 人左右。[1]

社会治安　难民的大量涌入使得工部局警务处维持社会治安的压力陡然增加。实际上，从民国 26 年（1937 年）金门两岛的难民进入鼓浪屿开始，工部局就感受到社会治安的压力。当年，工部局开始在鼓浪屿实行保甲制。全屿设港仔后、鸡母山五个牌、内厝澳、三区（丘）田、龙头、龙头渡、新路头、鹿耳礁、龙头中、岩仔脚等 10 个联保，设联保正、副主任各 1 人；联保之下设若干保，设正、副保长各 1 人；保之下设若干甲，设甲长 1 人，每甲由 10 户人家组成。联保主任、保长、甲长逐级负责所辖范围内户口申报、房屋出租申报等工作，发现不良分子和违法行为时及时申报。甲长由住户选举产生，保长由甲长选举产生，联保主任由保长选举产生，但工部局有权解除联保主任和保、甲长的职务，依照《鼓浪屿公共地界保甲条例》的规定重新选举。联保主任和保、甲长没有薪水，但可从每户缴交 2 角的保甲费中支取津贴。因此，实施保甲制后，工部局警务处无形中增加了数百名协助管理社会治安的人员，仅就这一方面来说，保甲制的实施应该是公共地界在难民大量涌入时尚能保持社会基本稳定的

---

[1]　厦门市档案局、厦门市档案馆编：《近代厦门涉外档案史料》，厦门大学出版社 1997 年版，第 502~505 页。

因素之一。工部局在该年度的"一年之回顾"中称:"此种联保能促治安,若果完满实施,屿中不良分子必告绝迹也。"[1] 工部局还对难民实行分组管理,每 25 人选举 1 名组长,并在义务人员中安排人员担任巡查员,到各收容所巡查秩序。与此同时,警务处也加大了执法力度。民国 27 年,公共地界罚金收入达 5793.60元,比上年增加 3.4 倍,之后的两年分别达 12815 元和 15033.47元,[2] 基本反映了难民大量涌入后社会治安管理难度的加大。但人口暴增至 10 余万的鼓浪屿社会秩序基本保持稳定,工部局所做的努力是值得肯定的。

公共卫生 工部局设有卫生股,聘有医官即健康卫生官专门负责管理公共卫生。医官的职责是:对传染病进行调查和预防,死亡人数和死亡原因调查,对开业医生实施登记管理,监视牛奶场、屠宰场和市场卫生,组织排水沟渠冲洗、消毒和街道清扫,监视警舍和监狱卫生等。难民涌入鼓浪屿之后,卫生股组织医官和卫生员到各收容所进行卫生宣传、传播卫生知识,由于海上航道被封锁,平时运送粪肥和垃圾的内陆船只无法进入鼓浪屿,卫生股在屿内选择偏僻地段,作为临时的垃圾掩埋场所,并紧急到汕头、香港等地采购木桶、扫帚、轻便小车等清洁工具,保证垃圾及时清扫、及时转运、及时掩埋。屿内各医院医师也主动到各收容所开展义务诊疗。抗日战争爆发前后,厦门周围多处市镇埠头发生鼠疫、霍乱、麻疹等烈性传染病,鼓浪屿在人口急剧膨胀、卫生设施严重不足的情况下,没有发生传染病和群体性流行病,在当时堪称奇迹。

育婴处和难童学校 国际救济会在承担拯救 10 余万难民的性命的重担时,竟然顾及到许多带着婴儿的母亲因为逃难时担

---

[1] 《1937 年度鼓浪屿工部局报告书》中文译本,第 6 页。

[2] 政协厦门市委员会文史资料研究委员会编:《厦门的租界》,鹭江出版社1990 年版,第 92 页。

英国人安德森与难童学校学生合影

惊受怕以致乳汁变质甚至消失、进而影响婴儿生
存的事。为此，救济会在怀仁女学校特别设立一
个育婴处，专门收容携带婴儿的母亲。育婴处为
婴儿提供炼乳和必要的衣服，为婴儿洗澡，对婴
儿的母亲进行育婴常识的训练。还有一件事也是
难民们无论如何不敢奢想的：国际救济会考虑到
难民中有很多孩童因逃难而失学，为了帮助失学
儿童，国际救济会在黄家渡开办了一所难童学校，
由美国传教士卜显理、毓德女中主理福懿慕姑娘
和英国传教士李乐白等人负责校务，遴选难民中
的小学教师和中学生担任教师。安德森等外国教
师到难童学校义务授课，牧师娘周淑俭等基督教
义工义务为难童教授音乐。难童学校的学生达到

近 500 名。日寇占据鼓浪屿后学校遂停办。时至今日，如果不怀偏见，当我们回忆这段历史时，除了为这座小岛在几乎是覆顶之灾的局面下所激发出来的能量感到吃惊，还深深地感受到这座小岛在危机之中秉持的人道主义散播出来的温暖。

（三）中立情势的尴尬

厦门沦陷之时，欧洲战争尚未爆发，美、英、法等国的军舰经常停泊在厦门港，日本侵略军的军事部署尚未到位，尚无足够的实力与美、英、法等国抗衡，因而还不敢改变鼓浪屿公共地界的地位。而此时的工部局似乎被日本的表面现象所迷惑，因而对鼓浪屿公共地界的中立情势表现出过于乐观的情绪。时任工部局董事长的洪显理在民国27年（1938年）1月做上年度工作报告时强调："本公共居留地之中立情势经冲突国双方保证，同时受其他列强之外国所共保，实属可喜。是种中立情势须持续，方足以抵御外来之骚扰。就人道主义观之，有公共居留地之存在，倒属邻居之幸福。故仅为此，凡尝试更改此情势，或勾引卷入其漩涡者，实文化之罪人，而物质上反劳而无功也。一国领土之中而有公共居留地或外国租界是否正当每成疑问。然正在此时其存在且拯救数十万非战斗员免坠入凶战之漩涡，而脱近代化战术对于非军人之民众所能酿成之一切惨酷焉。现在世界之两个大冲突中均证明在甚多居民中心有中立地带之必要云。所幸对于本居留地之继续中立情势，本屿居民绝未有挺险而试滥用或危害之者也。"[1]

实际上，工部局企图维持鼓浪屿公共地界中立情势的做法在日本发动对华侵略战争之后就已经行不通了。

依照工部局的一贯立场，鼓浪屿人必须遵守"所做何事或若何举动及表示，致使甲国人民触怒乙国人民者，本局均当防止之"的规定。但当侵略者的铁蹄踏进中国领土时，怎么可能奢

---

[1]《1937年度鼓浪屿工部局报告书》中文译本，第25页。

望鼓浪屿公共地界上的中国人心平气和呢？从民国 20 年（1931年）"九一八"事变开始，鼓浪屿人就组织了抗日会、抗日救国会、义勇队等组织，开展反对日本侵略的宣传、抗议活动。民国 26 年"七七"事变后，鼓浪屿成立厦门抗日后援会鼓浪屿分会、鼓浪屿青年抗敌后援会、基督教团体国难救济联合会、鼓浪屿青年抗敌服务团大众救亡剧社、七七剧社、鼓浪屿妇女界抗敌征募队等组织，开展抗日宣传、发动捐款捐物、募制寒衣、劝募救国公债、慰问抗日军人、安置难民等活动，鼓浪屿居民施纯禁将坐落于水牛埕的 E140 号房屋献出，出售所得款项认购救国公债。就连工部局也发布通告，要求各码头船只在敌机轰炸时应驶往厦门，运载厦门人到鼓浪屿躲避，以尽互相救援之义务。[1]

日本侵略军以鼓浪屿公共地界为中立地带为由，就鼓浪屿开展的抗日活动向工部局提出抗议，要求工部局取缔在屿内进行的所有针对日本侵略的活动，被工部局拒绝了。民国 28 年（1939年）5 月 11 日，伪厦门商会会长洪立勋在鼓浪屿被刺身亡，日本海军陆战队借口鼓浪屿已经成为"反日根据地"，派出 42 名海军陆战队队员登陆鼓浪屿，妄图控制鼓浪屿。当时，英、法、美等国有 10 艘军舰停泊在鼓浪屿海面，随即各派出 42 名士兵登陆鼓浪屿，与日军形成对峙之势，工部局也拒绝了日方改组工部局的5 点要求。

围绕鼓浪屿的局势，日本和英、法、美进行了几次谈判，均未能达到目的。6 月 29 日，日本照会英、法、美各国领事，提出严格制止公共地界内之反日运动和工部局巡捕房应与日本领事馆警察实行合作的两点要求，再次遭到拒绝。日本军舰开始对鼓浪屿与漳州大陆之间的海上交通实行封锁，10 万余人居住的鼓浪屿一度只能依靠各国军舰运送粮食和生活用品。

---

[1] 厦门市档案局、厦门市档案馆编：《厦门抗日战争档案资料》，厦门大学出版社 1997 年版，第 68、176 页。

　　民国 28 年（1939 年）9 月 1 日，德国入侵波兰，第二次世界大战全面爆发，英、法军舰驶离鼓浪屿。在失去军事护卫力量之后，工部局再也没有力量与日本抗衡。10 月初，各国代表与日方代表共同组成鼓浪屿租界问题细项协定委员会，就日方提出的要求进行讨论。10 月 17 日，日本驻厦门总领事内田五郎与鼓浪屿公共地界工部局董事会董事长希契科克（L. H. Hitchcock）签订《鼓浪屿租界协定》、《取缔反日行动协定》和《执行反日行动之取缔协定》，基本同意日本提出的日本总领事馆警察与工部局警察合作、工部局任命日本人为监督及警官部长辅佐工部局警察部、取缔反日行动等要求。在日本的威胁逼迫下，工部局被迫发布通告，宣布流通使用反日宣传物、反日集会结社、悬挂青天白日旗、携带枪械和爆炸物为违禁行为，违禁者将由工部局驱逐出境或引导日本当局惩

1941 年 12 月 8 日，鼓浪屿沦陷，日军涌进日本领事馆

办。但工部局多少还争得一些面子。日本人提出的工部局聘用台湾人当警察的要求，被工部局以财政问题拖延考虑，台湾人进入工部局董事会的问题也被延期实行。作为交换，日本解除了对鼓浪屿与漳州大陆之间的交通封锁。

工部局对日本侵略者的妥协立即引发鼓浪屿人的愤怒。鼓浪屿居民联袂上书外交部，向英、法、美各国提出强烈抗议，鼓浪屿会审公堂委员罗忠谌也以会审公堂的名义向各国驻厦门领事馆提出抗议，呼吁英、法、美等国主持正义。[1]

此时的英、法、美各国都在竭尽全力应对第二次世界大战，无暇顾及这座小岛，失去武力后盾的工部局也无力改变所谓的中立情势造成的尴尬。民国 30 年（1941 年）12 月 7 日，日本突袭珍珠港。12 月 8 日，美、英对日本宣战；同日，日本占领鼓浪屿，逮捕屿内所有美、英居民，全面接管工部局。鼓浪屿和厦门岛一样，落入日伪当局的控制之中后，到鼓浪屿避难的难民有的辗转投奔内陆非沦陷区，有的回到厦门岛，屿内人口总量逐渐降为 2 万余人。

至此，鼓浪屿公共地界实际上已经不复存在，鼓浪屿公共地界工部局正式结束其历史使命。安置、管理数以百计的难民成为公共地界工部局的告别演出。实事求是地说，这场告别演出颇具几分悲壮感人的气氛。

---

[1] 厦门市档案局、厦门市档案馆编：《厦门抗日战争档案资料》，厦门大学出版社 1997 年版，第 275~283 页。

第六章
后工部局时期的鼓浪屿

第一节 日伪时期的鼓浪屿

一、工部局理事会

日本接管鼓浪屿公共地界工部局后，将董事会改为理事会，由日本人担任局长兼秘书，理事中没有一个英国、美国人，华人理事也由日本领事馆指定。[1] 日本侵占鼓浪屿彻底改变了鼓浪屿公共地界的性质，中断了鼓浪屿公共地界的发展进程。

首先是政治上的中立情势以及由此带来的宽松自由的意识形态环境被彻底破坏。日本领事馆全面控制屿内的舆论工具，除了日本人的喉舌《复兴日报》(后改名《华南新日报》)、日本海军军部控制的《全闽新日报》之外，所有的报刊全部被取缔，制作、传递被认为是"反日性质"的书刊都被视为违法行为而受到严厉处罚。

其次是鼓浪屿居民的安全感荡然无存。早先"于本公界内

---

[1] 厦门市档案局、厦门市档案馆编：《厦门抗日战争档案资料》，厦门大学出版社 1997 年版，第 373 页。

不准非法拘捕，以致惊惧居民"以及"本公界内不许居民逾入私界"的法规遭到严重践踏，日本领事馆警察和由日本人控制的工部局警察随时可以以抓捕反日分子、搜查反日宣传品的名义侵入任何他们想要进入的建筑，以反日的罪名逮捕任何他们想逮捕的人。厦门岛以及鼓浪屿发生几次暗杀行动，刺死洪立勋、黄莲舫、黄仲康等汉奸和田村丰藏、泽重信等日本侵略者之后，日本派出军队和大量警察，在鼓浪屿展开全面搜查，以抓捕凶手为名，非法拘捕爱国志士。民国28年（1939年）10月，张弩等爱国青年组织的复土血魂团被破获，日伪当局在屿内四出搜捕血魂团成员，稍有怀疑便逮捕入狱、加以杀害。兆和食品罐头厂经理陈清保曾在抗敌后援会任职，厦门沦陷后移居鼓浪屿，在厂里组织诗社，因诗中有"日暮东风满城郭，思君已渡太平洋"、"昔日乘风原有约，愧他祖逖着先鞭"、"少年志气环球小，勿用沾巾效女儿"等句，被怀疑为"反日组织"。民国29年6月17日，日本警察冲进兆和厂逮捕数十人，陈清保等9人被处死。基督教三一堂牧师卢铸英、英国长老会主持人洪显理被关进集中营后受尽折磨，洪显理惨死营中。民国30年内厝澳发生抗日义勇队向侵略军投掷炸弹、国民革命军越海袭击驻鼓浪屿日伪军的事件后，凡被怀疑为义勇队成员或充当内应的，即被逮捕、杀害。百姓被以日本领事馆或工部局约请谈话为名带走后一去不回的事件也屡有发生。鼓浪屿完全沦为白色恐怖之岛。

再次是屿内财富大量流失或被日本侵略者掠夺殆尽。早在日军迫近厦门之时，屿内已经受到巨大震动。"商业即时紧缩而经济再困难矣，居民受巨大之移动。本屿殷实之户大多数迁往香（港）、珉（尼拉即马尼拉）、星（加坡即新加坡）、（爪）哇等埠。同时比较清寒之难民更大多数由厦门及其他邻近市镇避入，赁其遗空之屋而居焉。"[1]殷实之户外迁的直接结果就是财富大量外流。

---

[1]《1937年度鼓浪屿工部局报告书》中文译本，第25页。

当年，全屿领取建筑执照仅 478 元，仅有最高年份的 1/9 稍强。厦门沦陷的当年更是降至 52 元，不及正常年份的零头。其后两年稍有恢复，也只有 500 余元。[1] 与此同时，日本占领当局以"敌对国财产"为理由，对屿内的许多实业进行侵吞掠夺。英国的汇丰银行、德忌利士洋行、亚细亚公司，美国的美孚公司、中兴银行（总部在菲律宾马尼拉），荷兰的安达银行、渣华公司以及中国国民政府的中国银行、交通银行等，成为"交战国的财产"被日本占领当局没收，兆和食品罐头公司的设备、财产被查封、强占，改为昭南酱油厂。英、美籍民的公司、洋行也被日本占领当局以种种借口查封或霸占。这是鼓浪屿历史上第一次通过非正常手段改变财产现状。之后，屿内经济命脉完全掌握在日本人和日本籍台湾人手中。日本占领当局还通过发行钞票、加捐派款等手段搜刮财富，原先的富庶之岛不复存在。

至此，自清光绪二十九年（1903 年）开始建立的鼓浪屿公共地界的经济基础、政治制度和文化氛围荡然无存。

二、汪伪鼓浪屿政权

民国 27 年（1938 年）6 月 20 日，日军在厦门组织成立治安维持会，民国 28 年 7 月 1 日成立伪厦门市政府。这一阶段的鼓浪屿还是由英、美等国为主掌管的公共地界。日本侵略者为了达到独霸鼓浪屿的目的，组织了一帮人召开所谓"鼓浪屿租界时局大会"，提出"驱逐英、美在鼓浪屿的罪恶势力"的口号，要求"收回租界主权"。太平洋战争爆发之后，日本达到独霸鼓浪屿的目的之后，"收回租界主权"的闹剧也就烟消云散了。

太平洋战争爆发之后，美国、英国和中华民国成为反法西斯同盟的盟友。民国 31 年（1942 年）10 月 9 日，美国政府和英国

---

[1] 政协厦门市委员会文史资料研究委员会编：《厦门的租界》，鹭江出版社 1990 年版，第 92 页。

政府采取同一步调，分别通知中华民国驻美、驻英大使馆，表示愿意废除在华领事裁判权及其他有关特权。经过三个月的谈判，中美、中英就废除不平等条约和改订新约问题，达成协议。翌年1月11日，中美《关于取消美国在华治外法权及处理有关问题条约与换文》(简称《中美平等新约》)在华盛顿签字，《中英平等新约》同时签字。"平等新约"宣布：取消《辛丑条约》及其附件给予英、美两国的一切权利，将上海及厦门公共租界之行动与管理权交与中国政府，凡关于上述租界给予英、美政府之权利应予终止等。

为了应对这一国际形势，民国32年（1943年）3月，汪伪政权成立了"厦门鼓浪屿租界接收委员会"；4月8日，法国政府照会汪伪政权，宣布放弃鼓浪屿公共租界行政权；5月20日，汪伪政权发布《收回鼓浪屿行政权》的通告，同时以伪外交部长的名义发布《收回鼓浪屿公共租界的声明》；5月26日，在鼓浪屿举行"废除鼓浪屿公共租界工部局"和"鼓浪屿公共租界行政权移交"仪式，同时成立汪伪"厦门市政府鼓浪屿办事处和鼓浪屿警察署"。

至此，原先名存实亡的《厦门鼓浪屿公共地界章程》、《厦门鼓浪屿公共地界规例》以及各种《律例》全部废除。鼓浪屿由工部局一体管理的体制改为民政事务由伪市政府委托鼓浪屿办事处办理、治安事务由伪市政府警察厅所辖鼓浪屿警察署办理的二元管理体制。民国33年（1944年）3月15日，伪厦门市政府鼓浪屿办事处改组为伪厦门特别市政府鼓浪屿区公所，伪厦门市警察厅鼓浪屿警察署改组为伪厦门特别市警察局鼓浪屿警察分局。但在日伪机构的背后，还有一个终极权力，那就是日本驻厦门总领事馆和日本驻厦门海军。

实际上，日本侵略军从占领厦门岛开始，就竭力想维持包括鼓浪屿在内的厦门港作为国际港口的地位，为其侵略战争服务。

日本独霸鼓浪屿之后，实行了与厦门岛一样的策略，引进大批日籍台湾人，迅速在屿内构建包括金融机构、运输机构、公用事业和农工商实业机构在内的经济体系，同时加紧建设以日语传习为重点的教育体系，设立由日方控制的新闻社、厦鼓文艺协会、大乘佛教会、厦门基督教联合会等文化机构。这些在军事侵略的大背景下强制实行的措施尽管获得一些短暂的效益，但并不能改善后工部局时期鼓浪屿经济、社会全面走向衰弱的状况。

从日本实际控制工部局开始，鼓浪屿就和厦门岛一样沦为日本侵略者的占领地，加上日本占领当局解散了难民收容所，原先寄居鼓浪屿的许多难民陆续迁回厦门岛，鼓浪屿设立汪伪特别区署时人口已经减少为 2 万余人。对于这座不生产一粒稻谷的小岛来说，2 万多人的粮食、燃料成为沉重的负担。战火切断了几乎所有的和平时期物资流通的渠道。屿内生活物资靠几艘交通船川行小岛与漳州大陆之间，用西药、鸦片、布匹等进口物资多少换回一些粮食、燃料等生活物品。从日本控制工部局开始，就在屿内实行粮食配给制度，开始时每人每月限购 30 斤，后降为24 斤、18 斤、12 斤、8 斤，到日本全面败退的民国 33 年（1944年）年底，每人每月只能供应 2 斤粮食。不但粮食奇缺，柴炭也奇缺，生活用品奇缺，就连食盐也奇缺。

日伪当局还颁布公告，在全市进行"财产登记"，凡不能在规定期限内呈验契证、实施登记的财产，一律充为公产。鼓浪屿许多建筑因为主人不愿做日伪当局的顺民或为了躲避战乱暂时外迁，无法在规定期限内办理验契、登记手续，变成日伪当局的"公产"。法国籍华人黄仲训抗日战争爆发后移居越南，未能实施房产登记，他的西林别墅、瞰青别墅就是在这一阶段成为"公产"的。

民国 33 年（1944 年）下半年之后，第二次世界大战战场形势开始向有利于反法西斯同盟的方面转化，盟军多批次的飞机连续轰炸停泊在鼓浪屿海域的日本舰队。看到不可一世的侵略者受到惩罚，屿民的内心当然是欢欣鼓舞的。但飞机俯冲时的呼啸声和炸弹的爆炸声，还是令人感到心惊肉跳。

沦陷时期尤其是后期给鼓浪屿造成的创伤是无可估量的。简而言之，便是气氛恐怖、境地凄凉、对外交通断绝、金融冻结、物资告罄、物价昂贵、商业萧条，与曾经繁华一时的鼓浪屿形成天壤之别。

第二节　回归国民政府

一、接收鼓浪屿

民国34年（1945年）8月14日，日本天皇正式宣告无条件投降；9月2日，日本投降的签字仪式在东京湾内的美国军舰"密苏里号"上进行；9月9日，日军在南京举行"中国战区"投降签字仪式。

在厦门，日本天皇宣告无条件投降后，南京国民政府第三战区副司令、福建省政府主席刘建绪致信驻厦门日军，要日方到海澄县石码接洽投降事宜。8月29日，日军驻厦门最高司令官和日本驻厦门总领事派出代表到石码呈交投降书。根据南京国民政府的安排，驻厦门日本海军投降接受、接管事宜由南京国民政府海军负责，行政接收事宜由厦门市政府负责。9月28日，接受驻厦门日本海军投降、移交仪式在鼓浪屿海滨旅社举行。10月3日，南京国民政府任命的厦门市市长黄天爵率厦门市政府各机关属员从石码进驻厦门。厦门市正式光复。

民国34年（1945年）10月6日，福建保安纵队所属中美训练班和宪兵第4团进驻鼓浪屿，负责维持治安。厦门市政府派出工作人员登岛办理接收事项。接收后，鼓浪屿仍为厦门市政府所辖的一个区，下辖龙头、龙美、市场、大埭、乌埭、上礁、下礁、日光岩、鸡山、笔山、东山、延平、安海、鹭江、澳西、澳东、澳南、澳北等18个保。民国36年1月整编为鸡山、笔山、鹿礁、延平、澳东、澳西、龙头、市场、大埭、乌埭等10个保。光复后的鼓浪屿仍实行区署主管民政事务、社会治安由市警察局鼓浪屿分局负责的管理体制，完全纳入厦门市政府的管理体系。

鼓浪屿接收的敌伪财产有：博爱会医院鼓浪屿分院、鼓浪屿伪区署、鼓浪屿屠兽场、鼓浪屿清道队、鼓浪屿清洁队、鼓浪屿平卖处，接收的民营工厂有：商办厦门电话股份有限公司鼓浪屿交换所、中华电气有限公司、东方江东冰水种植有限公司、厦门淘化大同罐头实业股份有限公司、福建硝皮厂、南洲花砖厂、新发加工厂等，同抗日战争爆发之前商家林立、总部众多、雄厚财力聚集于斯的繁华景象相比，称为望尘莫及一点也不过分。

所幸还有那些不轻言放弃的基督教传教士们。即便在灾难深重的沦陷时期，他们也没有忘记自己的使命。战争一结束，各教会学校很快就恢复了正常的教学。民国38年（1949年），鼓浪屿教会办的学校有英华中学、怀德幼稚师范、怀仁中学、毓德中学、怀仁女学校附中师范、美华学校、毓德小学、英华小学、怀仁小学、养元小学、福民小学、维正小学等十余所，加上厦门市政府办的市立鼓浪屿区第一中心国民学校、内厝澳市立示范国民学校，学校密度之高远远超过厦门岛。屿内中学还以能向国内外教会大学推荐学生的能力吸引了一批有志于深造的学子。从现代学校的音乐课以及教堂唱诗班发展而来的音乐活动在抗日战争爆发之前就已经开始在屿内普及，战争结束后逐渐蔚成风气。因此，尽管经济消退了，教育和文化仍旧是鼓浪屿引以为傲的两大特色。

但是，刚刚摆脱了侵略战争的鼓浪屿很快又陷进通货膨胀的泥潭。厦门沦陷前，厦鼓市场1市斤白米售价约0.095元法币，民国34年（1945年）厦门光复时为20元，民国35年2月为 145 元, 6 月底涨至 560 元, 7 月初涨至 690 元。此后, 物价成为脱缰野马, 无法控制。民国 37 年 8 月 19 日, 南京国民政府发行金圆券, 停用并限期收回法币、金、银和外币。8 月 19 日当天厦鼓市场上每百市斤白米售价在 20 元金圆券左右。按照 1 元金元券折合 300 万元法币来计算, 1 市斤白米法币售价高达 60 万元, 是民国 34 年的 31950 倍、厦门沦陷前的 6726316 倍。但这仅仅是开始。民国 37 年 11 月初, 厦鼓市场上每百市斤白米售价升至 210 元金圆券。随后又是一天一价, 一时一价。进入民国 38 年之后, 金圆券贬值继续加剧, 几乎等同废纸。根据规定, 发行初期金圆券与美元的兑换率为 4 比 1, 即 1 美元可兑换 4 元金圆券。过了半年, 即民国 38 年 4 月 1 日, 1 美元可兑换金圆券高达 15800 元。再过半个月, 到 4 月 16 日, 美元与金圆券的兑换率高达 10 万。进入 5 月, 1 美元竟然可以兑换 2 亿元金圆券。

民国 38 年 (1949 年) 年初, 金圆券被普遍拒用。厦鼓的小商贩开始实行"以米易货"的经营方式, 稍具规模的商号纷纷自行印制、发行"美金代用券"。这种"美金代用券"与美元等值, 面值有 1 元、5 元两种, 仅在本商号使用。但这种做法因"扰乱金融"被政府严令取缔。尽管政府多次明令禁止, 但鼓浪屿市场上使用美元和停用多年的银元进行交易的现象还是屡见不鲜。

二、中国共产党鼓浪屿地方组织活动纪略

民国 35 年 (1946 年) 春, 中共福建省委闽江工作委员会决定由学生工作委员会负责开辟厦门地区的工作。3 月, 中共闽江工作委员会派黄献到厦门。黄献在鼓浪屿龙头路 71 号开办启新书店, 由林华 (林天赐) 负责。启新书店在开办的 4 个月期间, 经销东方出版社出版的进步书籍和《文萃》、《周末》、《民主》等进步杂志。黄献还在鼓浪屿启新印刷厂工人的协助下, 秘密翻印毛泽东的《新民主主义论》等书, 为中共闽江工作委员会所属党

组织提供学习资料。10 月，中共闽江工作委员会所属学生工作委员会派黄猷从福州协和大学转学到厦门大学，随即到鼓浪屿英华中学兼课，以厦门大学学生和英华中学教师的双重身份作掩护，在教师和学生中传播革命思想。

民国 36 年（1947 年）1 月，中共福建省委改称中共闽浙赣区委员会，同时撤销闽江工作委员会，成立中共闽浙赣区委城市工作部，鼓浪屿的党组织归城市工作部领导。4 月，根据中共闽浙赣区城市工作部指示，在厦门成立中共漳泉厦临时工作委员会，王毅林任书记，黄猷任宣传委员，林华任组织委员。黄猷、陈洪之在进步校长许扬三的支持下，介绍了一批进步教师到英华中学任教。英华中学的党员教师和进步教师发动学生捣毁刊登歪曲事实报道的中央日报社，发动学生创办英华民众夜校，成立学生进步团体，使进步力量逐步在学生自治会和校务行政机构中占据主导地位。10 月，中共漳泉厦临时工作委员会在鼓浪屿福州路 130 号和内厝澳 310 号开展整风学习。12 月，设在鼓浪屿的厦门大学新生院成立党支部，支部书记刘树勋、副书记郑廷森（石益）、支委林光昇；英华中学成立学生党支部，书记黄奕策、支委林甘泉和游永铭。两个支部均隶属中共漳泉厦临时工作委员会。

民国 37 年（1948 年）2 月 1 日，中共闽浙赣区城市工作部发出指示，成立中共闽浙赣区城市工作部厦门市委员会。但鼓浪屿的党组织随即与上级失去联系。3 月，黄猷因面临暴露危险，辗转转移到台湾大学。5 月，中共闽浙赣区委城市工作部厦门市委员会在鼓浪屿内厝澳 229 号二楼成立，王毅林、林华、陈道圣（陈淮）、许文辛任常委，洪津淇、黄卫世任委员，王毅林任书记。是年，中共鼓浪屿党组织在鼓浪屿邮局黄洸渊、林振邦协助下，顺利完成数千册革命书籍的邮寄任务，英华中学革命师生参加了当年 5 月 28 日举行的厦门各校"反对美帝扶植日本军国主义势力"的游行。9 月，英华中学成立第二届党支部，陈瑞源任书记，游永铭、陈可练、唐知辉（吴天）任委员。12月，厦大新生院党支部配合学生会，组织学生到厦门岛参加要求配给平价米的示威活动。当年年底还在成立三四个月的学生社团"野草社"的基础上成立"垦荒社"，以"合法"的名义开展工作，团结进步学生，宣传革命思想。年内还在安海路35号吴静宜家成立中学教师联谊会中共特别支部，王毅林兼支部书记，主要成员有黄卫世、陈洪之等。

民国38年（1949年）2月，厦大新生院党支部在寒假期间成立壁报联合会，秘密编印、张贴《新生》壁报，弘扬民主进步思潮。4月，中共闽浙赣区委员会错误解散城市工作部的问题公开化，为了避免矛盾冲突，造成重大损失，中共闽浙赣区委员会城市工作部厦门市委员会决定自4月10日起停止活动，党员从其他渠道继续开展革命活动。

从民国35年（1946年）春至民国38年春，中共鼓浪屿党组织在屿内建立的据点有厦门市委机关驻地内厝澳197号二楼和主要活动地点内厝澳229号二楼、内厝澳310号、福建路22号等。厦门大学新生院两届党支部先后发展党员40余人，其中中共闽西南、闽中党组织各发展10余人；英华中学两届党支部先后发展党员15名。[1]

三、蒋介石告别中国大陆的登临之地

民国38年（1949年）成为中国共产党和中国国民党在中国大陆决定胜负的一年。这一年，由于蒋介石两次登临鼓浪屿，使得这座小岛在历史上增添了几分特殊气氛。

民国38年（1949年）7月21日，蒋介石在广州与李宗仁会谈后，乘"华联号"轮船赴厦门。22日抵达厦门后，蒋介石的

---

[1] 参见王毅林著：《王毅林文集》，中央文献出版社2009年版。

座轮停泊在鼓浪屿海面，当天在轮船上接见福建省军政要员以及从广东乘飞机赶到厦门的蒋经国，晚上7时登鼓浪屿至行馆休息。在厦门期间，蒋研读了阎锡山制定的《保卫台湾、琼岛之各种方案》，给予"切中时弊"的评价。23日清晨，蒋游览鼓浪屿；随后分批召集汤恩伯总司令、福建省政府主席朱绍良以及闽南各军师长以上的国民党籍高级将领开会，研究防卫方法。当晚7时，蒋介石及其随从搭乘"华联号"离厦返台。[1]

但是，局势继续朝着不利于国民党的方面发展。8月17日，中国人民解放军攻克福州。9月，人民解放军第三野战军第10兵团先后占领泉州、漳州、同安等地，完成对厦门的三面包围。9月中旬，中国人民解放军厦门市军事管制委员会在泉州成立，叶飞任军事管制委员会主任；同时成立中共厦门市委员会、厦门市人民政府，林一心任中共厦门市委书记，梁灵光任市长，显示出志在必得的决心。

此时，国民党在福建省的党、政、军领导机构已经全部撤到厦门。为了给驻守厦门岛的下属鼓气，10月6日，即中国传统的中秋节，蒋介石从台北出发，乘坐"华联号"轮船，于10月7日抵达厦门进行慰问活动。当天中午，蒋介石在"华联号"上宴请取代朱绍良的福建省政府主席汤恩伯、厦门市警备司令毛森以及军政人员方治、雷震、黎玉玺等人。下午4时，蒋介石在设在厦门大学的汤恩伯总部召集高级军官训话。午后5时半在行馆接见省保安副司令范诵尧、省财政厅长陈拱北和厦门市长李怡星等军政要员。

关于蒋介石在鼓浪屿的行馆，有瞰青别墅、西林别墅、黄家花园中楼之说。综合各方面资料分析，西林别墅在沦陷时期曾被作为"鼠疫医院"院址，抗战胜利后又曾作为伤兵营驻地，不宜

---

[1]《江声日报》民国38年7月24日第3版。

作为接待首脑的场所。2012年2月4日《厦门商报》刊登龚冉采访厦门文史专家的文章,文中援引蒋介石日记,称蒋1949年7月23日"寄住王玉柱家中","王玉柱"即黄奕住,因蒋介石为浙江溪口人,故将黄奕住记为"王玉柱"。但黄奕住已于蒋介石抵达鼓浪屿4年之前在上海去世,不可能复活接待蒋介石。"寄住王玉柱家中"可能是陪同人员误说或蒋介石记忆有误。且当时的报刊均称蒋介石在鼓浪屿休憩或接待军政官员的地点为行馆或官邸,黄家花园为私产,民国时期的蒋介石不可能将黄家的私产作为自己的行馆或官邸。因此,蒋介石在鼓浪屿的行馆应为当时已经被收归为公产的瞰青别墅。据史料记载,就在这一年的1月21日,蒋介石宣布暂时引退,之后曾命人对瞰青别墅进行修缮,准备作为韬光养晦的行馆。后因战局急剧变化,蒋未能像30年前一样,将鼓浪屿作为东山再起的福地。后来两次在此小住,也算是对修缮别墅者的一个安慰吧。

当天晚上8时,蒋介石登上军舰离开厦门,10月8日上午返抵台北。[1]

但是,蒋介石的鼓气未能挽狂澜于既倒。10月15日下午3时许,中国人民解放军驻嵩屿一线部队开始对防守鼓浪屿的国民党55军29师第85、86、87团阵地进行炮火攻击。下午6时,总攻开始。第10兵团第31军91师271、272团各两个营的一部分部队在鼓浪屿登陆,271团团长王兴芳等500余名指战员、船工牺牲在旗尾山山麓海滩。这是鼓浪屿有史以来最惨烈的一场战斗。

10月16日,中国人民解放军基本控制厦门岛。守鼓浪屿的国民党军从海上撤至小金门。10月17日晨,中国人民解放军第31军91师273团2营4连从鼓浪屿北端登陆。鼓浪屿成为蒋介石退守台湾后登临的距离中国大陆最近的岛屿。

---

[1]　1949年10月9日《厦门大报》第2版。

第七章

转型中的鼓浪屿

第一节　行政区划变更

　　1949 年 10 月 25 日成立厦门市人民政府鼓浪屿区公所，10 月 31 日成立厦门市人民政府公安局鼓浪屿分局。

　　1950 年 3 月，废除保甲制，全区设鸡山、笔山、鹿礁、延平、澳东、澳西、龙头、市场、大埭、乌埭等 10 个街公所，10 月改街公所为街政委员会。1952 年 12 月改区公所为区人民政府。1953 年 6 月成立中共鼓浪屿区委员会。1954 年 1 月改街政委员会为居民委员会，1955 年 3 月设龙头、鹿礁、内厝 3 个街政工作组指导居委会工作。

　　1955 年 10 月改区人民政府为区人民委员会。

　　1958 年 10 月实行"人民公社化"，全屿设鼓浪屿人民公社，公社管委会与区人民委员会合署办公，下设龙头、内厝 2 个街道管理区。1960 年 1 月至 1961 年 5 月还一度在生产基地新垵、霞阳（今属海沧区）设新霞管理区。

　　1966 年 6 月，"文化大革命"在屿内全面展开。11 月，区党、政机构对局势基本失控，中共鼓浪屿区委、区人民委员会因

"革命造反派"的冲击陷入瘫痪状态。1967 年 7 月，中国人民解放军厦门驻军成立厦门市军事管制委员会，对全市实行军管。鼓浪屿区由区人民武装部成立"抓革命促生产"领导小组，主持日常工作。1968 年 9 月成立鼓浪屿区革命委员会，取代原中共鼓浪屿区委、鼓浪屿区人民委员会。

1971 年 5 月恢复中共鼓浪屿区委员会。

1978 年 11 月成立龙头、内厝街道管理区。1979 年 10 月改为龙头、内厝街道办事处。

1980 年 11 月召开鼓浪屿区第九届人民代表大会，宣布撤销鼓浪屿区革命委员会，成立鼓浪屿区人民政府，下设 2 个街道办事处，其中龙头街道办事处下辖龙头、市场、鹿礁、延平、旗山、大埭 6 个居委会，内厝街道办事处下辖笔山、鸡山、福祥、内厝、四松 5 个居委会。

1984 年开始建立区一级财政。是年 9 月撤销街道办事处，11 个居委会直属鼓浪屿区政府管辖。

2003 年 7 月 29 日，根据国务院和福建省政府的批复，厦门市对部分行政区划进行调整，鼓浪屿区被撤销，其行政区域划归思明区，同年 10 月 31 日正式成立鼓浪屿街道办事处，下辖龙头、内厝 2 个社区居民委员会；同时撤销的还有厦门市公安局鼓浪屿分局，但负责屿内社会治安的还是公安部门，只不过改为厦门市公安局思明分局鼓浪屿派出所主管。

第二节　计划经济体制时期的鼓浪屿

20 世纪 50 年代的鼓浪屿开始了一个新的时代。由于与台湾当局控制的金门、大担等岛屿碧水相连，鼓浪屿从此进入长达 30 年的台湾海峡两岸军事对峙时期，军事斗争成为屿内各项工作的首要考量因素。随着土地改革、镇压反革命、"三反"（反贪污、反浪费、反官僚主义）、"五反"（反行贿、反偷税漏税、反盗骗国家财产、反偷工减料、反盗窃国家经济情报）以及对农业、手工业、资本主义工商业进行社会主义改造等政治运动的开展，这个时代的思想观念、生活方式、社会风气都发生了前所未有的变化。一些未能适应这个变化的人离开了鼓浪屿。留下来的则竭力改变自己，以适应时代潮流。

有"闽南第一布店"之称的厦门同英布店老板卓全成称"谁也不愿意经商过剥削者生活"，将同英布店献给国家，成为最早将私营企业改为国营企业的老板，同时将鼓浪屿的42幢房屋献给人民政府。黄奕住的后人将黄家花园献出，后改造为干部休养所。林尔嘉的家人则把菽庄花园献出，辟为公共花园。屿内的标志性建筑八卦楼则成为办公场所、工场。在后来开展的房产登记中，一批房屋因主人不在鼓浪屿或代管人无法出示原始所有权证成为政府的"代管房"。曾经成为鼓浪屿经济发展龙头的房地产业处于一蹶不振的状态。

人民政府对屿内学校采取"接管、维持、改造"的方针，逐渐由政府接办，改为公立，全面实行"教育为无产阶级政治服务，教育与生产劳动相结合"的办学原则。而随着宗教活动的式微，社会音乐活动逐渐失去载体因而不再风靡一时。鼓浪屿的教育、文化特色终于不复存在。

但失去经济、教育和文化特色的鼓浪屿毕竟还有可资利用的海岛风光这一资源。1956年编制厦门市城市总体规划时，将鼓浪屿规划为风景疗养区。之后，屿内陆续开办工人休养所、干部休养所、部队休养院等多家休养、疗养机构。

此时的鼓浪屿的管理已经初显多头并举的局面：尽管有了区级行政机构，但不管是区公所、区政府还是区人委，都实行严格的计划经济管理体制，在1984年之前，都未曾设立独立的区级财政,区财政收支都由厦门市人民政府财政局代为编制、划拨。民政和区级经济由区政府主管,社会治安由市公安局鼓浪屿分局主管,菽庄花园由市园林管理处主管,公用事业由市城市建设局主管,房地产由市房地产信托公司、房地产管理处(局)主管,屿内还有众多的市属以上机关、企事业单位和疗养院、休养院,由各自的上级主管。

1958年开展"大跃进"、实行"人民公社化"期间,屿内办起一批机器修造、食品加工、鞋面加工等作坊式的小厂。之后,玻璃厂、灯泡厂、塑料厂转为地方国营企业,食品厂、鞋面厂、机修厂则转为区办集体企业。屿内还有一个渔业大队。市属企业有厦门造船厂等。

1966年6月爆发"文化大革命"。屿内各单位出现大量所谓批判"封(建主义)资(本主义)修(正主义)"、"反动学术权威"、"黑帮分子"的大字报。8月初,屿内各学校"红五类"(家庭出身为革命干部、革命军人、工人、贫农、雇农的五类人)子女派代表赴北京参加毛泽东接见革命师生活动。8月中旬,屿内中学成立由"红五类"子女组成的"红卫兵"及其外围组织"红旗兵"。"红卫兵"在各学校普遍开展批判"资产阶级反动学术权威"和"黑帮分子"、"横扫牛鬼蛇神"等运动,鼓吹"血统论",排斥"黑五类"(地主、富农、反革命分子、坏分子、右派分子)子女,轻者批判、强迫做检讨,重者采用游街、戴高帽、关押(时称"住牛棚")、抄家等非法手段,时称"红色恐怖",文化界、教育界、工商业界、宗教界、华侨界一大批人受到不公正对待,宗教活动被禁止。8月23日,"红卫兵"上街开展"破四旧"(旧思想、旧文化、旧风俗、旧习惯)行动,并伴随有抄家、批斗等行为,大批文物、古迹被毁坏。鼓浪屿医院改名"反帝医院",菽庄花园改名"前哨公园",八卦楼改名"红星楼",龙头路、日兴路改名"红星路",屿内名胜古迹、宗教活动场所遭到严重破坏。9 月之后，"革命造反派"取代红卫兵，开始将斗争矛头指向各级"走资本主义道路的当权派"。11 月，区党、政机构对局势基本失控，中共鼓浪屿区委、区人民委员会因"革命造反派"的冲击陷入瘫痪状态。1967 年 1 月，市、区意见相左的"革命造反派"组织开始发生摩擦。3 月，市、区"革命造反派"组织分裂为"革联"、"促联"两大派别。之后发生多次冲突，造成人员伤亡。屿内东南部复兴路口梨仔园成为"促联"在"武斗"中死亡人员的"陵园"。之后，由于上级的干预和中国人民解放军驻厦部队的介入，局势渐趋缓和。

1968 年 9 月成立鼓浪屿区革命委员会，各项工作逐渐恢复正常。

20 世纪 70 年代前后，在开展频繁的政治运动的同时，屿内先后创办绝缘材料厂、电容器厂、玻璃厂、灯泡厂、塑料厂、电气仪表厂、高频设备厂、无线电器材厂、胶木电器厂、分析仪器厂、织布厂、胶丸厂、木器厂等多家企业。

1978 年 12 月中共十一届三中全会之后，鼓浪屿进入改革开放新的历史时期。1979 年 1 月 1 日，根据中华人民共和国国防部部长徐向前发布的命令，中国人民解放军驻厦部队即日起停止对国民党军占据的大金门、小金门、大担等岛屿的炮击。

虽然经过多年努力，但这个资源缺乏、交通不便且地处"海防前线"的小岛，根本不是发展工业的适宜之地，屿内的工业产值从来没有超过全市工业总产值的百分之一。至 1980 年，区属工业总产值仅有 789 万元，只有全市工业总产值的 0.8%。

第三节　风景旅游名胜区

一、风景旅游区

1980 年 11 月召开的鼓浪屿区第九届人民代表大会制定了"以经济建设为中心，以建设文明风景旅游区为重点"的发展战略。

1981 年，市政府把菽庄花园划归鼓浪屿区政府管理。同年，区政府成立鼓浪屿园林管理所，旗下有菽庄花园和 1979 年设立的日光岩景区两个收费景点。屿内景区管理的体制基本形成。

1982 年编制的《厦门市城市总体规划》将鼓浪屿调整为风景旅游区，常住人口规模控制为 2 万人，不再设立与风景旅游无关的任何单位，已办工厂要逐步迁出。1983 年，市规划局与鼓浪屿区政府联合编制《鼓浪屿总体规划》，将鼓浪屿的布局规划为"四片一环"。"四片"即：岛的南面沙滩蜿蜒，碧海相接，有日光岩、延平公园、菽庄花园和海滨浴场，是鼓浪屿风景区中的核心，将逐步往东、西两面延伸，形成更具规模的游览区；岛的中部为行政中心和居住区；岛的东部龙头路一带为商业购物中心；岛的北部将逐步调整用地性质，所有的工厂逐步迁出，改为绿化、旅游和娱乐用地。"一环"即环岛路。同年 12 月该总体规划方案获市政府批准。

1984 年 5 月，在复兴路梨仔园兴建林巧稚纪念园，后命名为毓园。1985 年 8 月，在东南海滨覆鼎岩建造的郑成功花岗岩巨型雕像竣工。随后以此雕像为中心建造的郑成功主题公园皓月园成为屿内的新增收费景区。1987 年 2 月在番仔墓建成音乐厅，同年环鼓浪屿的环岛路基本成型。初步奠定了鼓浪屿的景区、景点格局。

二、国家级风景名胜区

1988 年，鼓浪屿被批准为国家级风景名胜区。随后，鼓浪屿区政府提出"以旅游为龙头"的经济发展战略。

1993 年 9 月，市建委、市规划局、市园林局联合编制《鼓浪屿—万石山风景名胜区总体规划》。这个"万石山—鼓浪屿风景名胜区"总面积为 229.94 平方千米，其中鼓浪屿为 1.87 平方千米，万石山部分为 20.52 平方千米，其余山体 1.11 平方千米，海域部分为 206.44 平方千米。万石山部分包括万石岩、云顶岩、金榜山、鸿山、上李山等诸山。将鼓浪屿与万石山合并在一起，只是为了使两个景区的总面积达到国家规定的国家级风景名胜区的面积要求，并不影响鼓浪屿的独立性。1995 年 11 月，厦门市城市规划设计研究院完成《鼓浪屿控制性详细规划》编制工作。规划范围调整为约 1.89 平方公里（包括可利用的滩涂面积），远期常住人口控制在 1.2 万～1.5 万人。同年年底在湖里工业区兴建鼓浪屿工业园，开始实施鼓浪屿区属工业移位发展战略。

《鼓浪屿控制性详细规划》主要包括以下几个方面内容：

布局结构规划为"五片二环一中心"。"一中心"即以日光岩为风景区及旅游活动的中心；"二环"即内外两个环通的主要交通旅游线路结构，用于联结全岛各大功能片区；"五片"即东部海滨旅游购物广场绿化休闲区片、西部自然风景及旅游文化艺术区片、南部自然风景及休疗养度假区片、北部现代海滨娱乐区片、中部居住区片。

道路交通规划强调保持屿内步行交通方式，坚持三个原则：一是保留道路的基本骨架，保留地域认同感；二是整治局部凌乱的道路，加强主要旅游线路的组织和引导；三是道路系统与人防系统相结合进行组织布局。对外交通，规划保留龙头公共轮渡码头，在鼓浪屿西海岸增设 1 个内厝澳公共轮渡码头，保留三丘田、观海园和鼓浪别墅等 3 个旅游专用码头，将北部原造船厂船坞辟为游艇码头，分布于鼓浪屿四周沿岸的码头成为鼓浪屿的对外交通节点，有机地与岛内主干路网相接，形成整体道路交通体系。

总体风景旅游结构规划强调有效地挖掘利用鼓浪屿丰富的自然景观和人文景观，积极恢复和发展海上、风景、环境、生态优势，对已有景点加以整治完善。屿内旅游资源分成"两区两带两环一聚集区"。"两区"即观海园旅游度假区和海陆军休疗养度假区，"两带"即东部沿鹭江旅游商业购物休闲带和西部现代海滨娱乐带，"两环"即环岛路游览线和海上环岛游览线，"一聚集区"即日光岩中心景点聚集区。

风貌特色规划则强调风貌层次的多元化，规划有特色建筑、自然海滨风景、旅游商业、广场绿地、文化艺术、现代海滨娱乐、别墅度假村等 7 个风貌分区。

在上述规划编制、颁布期间，1995 年 3 月建成日光岩索道，1998 年 1 月在东岸中部原鼓浪屿公园建成海底世界。屿内一些长期闲置的建筑也开始通过种种渠道，围绕风景名胜旅游的主题进行利用或商业性开发。

不是结尾的尾声

2003 年 7 月 29 日，鼓浪屿区被撤销后，成立鼓浪屿—万石山风景名胜区管理委员会，作为市政府的派出机构。屿内原有的省、市属以及军队系统所属单位，仍旧由各自的上级主管。

尽管还是多重管理，但鼓浪屿的历史毕竟掀开了新的一页。

历史是不可重复的。从民国 30 年（1941 年）12 月彻底改变鼓浪屿的经济基础和管理体制之后，鼓浪屿就已经走上了不归之路。以音乐为例，尽管 1990 年后屿内相继创办鼓浪屿音乐学校和中央音乐学院鼓浪屿钢琴学校，但这种职业教育所形成的音乐氛围，同当年鼓浪屿的音乐生活毕竟不能同日而语。经过半个世纪的探索，鼓浪屿最终以风景名胜区作为新的选择。至此，这座小岛半是天工半是人造、一岛岩石一海碧水的美景加上曾经有过的名气吸引了无数的游客。屿内日光岩、菽庄花园、皓月园、海底世界等景区虽然收费不菲，但鼓浪屿的海水、沙滩、建筑、街景、郑成功纪念馆、林巧稚纪念园等免费景点以及众多的购物场所、庞大的消费人群，还是具备相当的吸引力，给正规和不正规的导游、商贩们提供了降低成本、创造利润的极好机会。一度以安逸、宁静为特色的鼓浪屿开始步入喧嚣，曾经活跃一时的经济、文化活动成为供人凭吊、发思古之幽思的逸闻遗事。当天南海北的红男绿女摩肩接踵而来之时，许多老鼓浪屿人屡屡惊呼："鼓浪屿快被踏沉了！"但由此可见这座小岛拥有的魅力是何等的强烈。

生活在鼓浪屿的居民都在抱怨鼓浪屿的宁静被完全破坏。但这是鼓浪屿要成为旅游风景区所不得不付出的代价。特别是屿内的家庭旅馆兴起之后，出现了有趣的悖论：天南海北的游客希望花钱到鼓浪屿过上几天宁静的日子，而原本在屿内享受宁静时光的鼓浪屿人因为追求宁静的游客的到来失去了原有的宁静。可以想像得到，在相当长的一段时期内，在确定旅游、风景名胜与自然、文化遗产之间的平衡关系并采取相应措施之前，居住在鼓浪屿的人们不得不为如何在游客如织的喧闹中设法寻找属于自己的宁静而烦恼。而如何激发并长期保持这座小岛在成为风景名胜区之后的魅力和活力则成为社会各界最为关心的话题。

附录 1

鼓浪屿大事记

清代及清以前

宋、元时期

鼓浪屿称为"圆沙洲"，又称"圆洲仔"。

1367 年前后（元末明初）

嵩屿李姓人家迁入圆沙洲东北部居住，所住之处得名李厝澳。

1387 年（明洪武二十年）

是年　明朝廷强令沿海岛屿居民迁居内地，圆沙洲在强迁之列。明成化六年（1470 年）复旧。

1488—1505 年（明弘治年间）

黄仲昭编纂的《八闽通志》改"圆沙洲"为"古浪屿"。

1613—1620 年（明万历四十一年至四十八年）

日光岩石壁出现"鼓浪洞天"四字。

1622 年（明天启二年）

10 月　荷兰东印度公司武装船队袭击鼓浪屿，焚屋越货。

1628 年（明崇祯元年）

是年　何乔远增补《闽书》时改"古浪屿"为"鼓浪屿"。

1684 年（清康熙二十三年）

是年　闽海关在鼓浪屿设清单口岸，负责稽查石码、海澄及在漳州登记的小船货物。

1841 年（清道光二十一年）

8 月 26 日　璞鼎查、巴尔克率领由 36 艘舰只组成的英国舰队进攻厦门。当日下午，厦门失守。9 月 5 日，英国舰队大部北上，3 艘军舰停泊鼓浪屿田尾海面。

1842 年（清道光二十二年）

2 月 24 日　美国归正教会传教士雅裨理、美国圣公会传教士文惠廉夫妇从香港乘英舰到达鼓浪屿传教。

6 月　甘明医生抵达鼓浪屿，在雅裨理住所开办诊所。这是西方现代医疗进入厦门之始。

8 月 29 日　因鸦片战争失败，清政府被迫与英国签订不平等的《南京条约》，其中规定上海、广州、宁波、福州、厦门被辟为商埠，史称"五口通商"。1843 年 11 月 3 日，厦门正式开埠。

1844 年（清道光二十四年）

7 月　英国伦敦会传教士约翰·施敦力夫妇在和记崎创办福音小学，并在校舍一层设立礼拜堂。

是年　美国在鼓浪屿设邮政办事处，代行领事馆事宜。1865 年在三和路建领事馆。

1845 年（清道光二十五年）

6 月　法国轮船首次从厦门运载 180 名华工往非洲留尼汪岛。

是年　英商在鼓浪屿创立德记、和记洋行。

1848 年（清道光二十八年）

传教士波罗满募资督建的基督教堂——新街礼拜堂竣工。翌年 2 月 11 日举行献堂仪式。

1850 年（清道光三十年）

是年　英国教士用雅各在鼓浪屿设英国长老会。

是年　西班牙在鹿耳礁设领事馆。1852 年改由德滴等人代理。1909 年 10 月由西班牙驻上海总领事兼理。

1852 年（清咸丰二年）

是年　荷兰委托德记洋行德滴代理驻厦门领事。光绪十六年正式设立领事馆。

是年　挪威在鼓浪屿设领事馆，馆务实行委托代理。

1853 年（清咸丰三年）

5 月 18 日　黄位、黄德美率小刀会攻占厦门。鼓浪屿传教士收容部分民众到家中避难。

1860 年（清咸丰十年）

法国在田尾海滨建领事馆。

1862 年（清同治元年）

3 月 30 日　由外国人掌握的厦门关税务司署成立。

1863 年（清同治二年）

英国驻厦门领事馆迁至鼓浪屿鹿礁顶。

美国归正教会、英国伦敦会、英国长老会在鹿耳礁（今福建路）建立供外国人礼拜的教堂，称"国际礼拜堂"，后改为"协和礼拜堂"。

1865 年（清同治四年）

7 月 1 日　厦门海关在鼓浪屿石㘲顶购置吐吡庐作为税务司公馆，占地 22.31 亩。

12 月 1 日　厦门海关在鼓浪屿今漳州路 9 号购置副税务司公馆。

1866 年（清同治五年）

是年　厦门一代理行在鼓浪屿建造大型铁皮仓库用于存放进口鸟粪。

1867 年（清同治六年）

9 月　厦门船坞公司在鼓浪屿开辟船坞，为该公司在厦门的第三个船坞。

1868 年（清同治七年）

2 月 23 日　厦门海关在鼓浪屿弥陀山购地建升旗站，翌年 3 月因扩建，总占地 0.29 亩。

1869 年（清同治八年）

是年　奥地利在鼓浪屿设领事馆，馆务实行委托代理。

1870 年（清同治九年）

是年　厦门海关在鼓浪屿大宫后租用 16.50 亩园地，后建为海关同人俱乐部，1923 年在租用之地建职工住宅。

是年　厦门海关在今漳州路购置帮办楼。

是年　德国在鼓浪屿建领事馆。

1871 年（清同治十年）

9 月　兴泉永道在鼓浪屿设通商公所，办理民间及华侨涉讼事宜。

1872 年（清同治十一年）

是年　丹麦大北电报公司在鼓浪屿设立电报站，连接香港至上海的电缆，用以收发电报。

1874 年（清同治十三年）

5 月　日本在协和礼拜堂附近设立领事馆，1897 年迁至鹿耳礁（今鹿礁路）新馆。

1875 年（清光绪元年）

德国领事馆巴德热在厦门创办第一家公共图书馆博闻书院。

1878 年（清光绪四年）

8 月　英、德领事发起组织"鼓浪屿道路墓地基金委员会",筹款修建鼓浪屿的道路和墓地。

1881 年(清光绪七年)

是年　新加坡华人开设的英国裕丰洋行在鼓浪屿建铁锅厂,被清朝地方官员要求关闭。

1883 年(清光绪九年)

是年　厦门海关在三丘田购置楼房用作理船厅公所,占地 6.13 亩。

1884 年(清光绪十年)

8 月 22 日　台风横扫鼓浪屿,屿内房屋被毁殆尽。

1888 年(清光绪十四年)

是年　厦门海关在田尾购地 5.26 亩、4.96 亩,用于建造缉私舰舰长宿舍,后改为灯塔管理员宿舍。

是年　厦门海关在今漳州路 17 号购西式三层楼作为巡灯司公馆,占地 3.43 亩。

1890 年(清光绪十六年)

是年　比利时在鼓浪屿设立领事馆。

1893 年(清光绪十九年)

3 月 28 日　飓风。

9 月 11 日　台风。屿内道路、沙滩遭到破坏。

1898 年(清光绪二十四年)

4 月 27 日　美国归正教会创办的救世医院正式开业。

1901 年(清光绪二十七年)

4 月 2 日　法国电报公司开始铺设从法属安南的都兰(在今越南海防市)到鼓浪屿的海底通信电缆。

4 月 25 日　鼓浪屿遭龙卷风袭击,财产遭受重大损失。

1902 年(清光绪二十八年)

1 月 10 日　英、美、德、日等十国驻厦领事与清政府代表在鼓浪屿日本领事馆签订《厦门鼓浪屿公共地界章程》。

5月16日　英国长老会牧师山雅各创办《鹭江报》。

冬　葡萄牙、瑞典、丹麦等国在鼓浪屿设领事馆，馆务实行委托代理。

1903年（清光绪二十九年）

1月　鼓浪屿公共地界工部局成立。

4月13日　鼓浪屿公共地界设立会审公堂。

5月1日　工部局开始正式运作。

7月28日　种德宫延请戏班演戏事先未报批，遭工部局巡捕禁止引发冲突。

1904年（清光绪三十年）

8月11日　黄乃裳、连横创办《福建日日新闻》。

1905年（清光绪三十一年）

6月　厦门各界开展抵制美国苛禁华工续约的运动。

1906年（清光绪三十二年）

4月24日　鼓浪屿厦门女子师范学校开学。

1907年（清光绪三十三年）

中国同盟会黄乃裳、施铭在鼓浪屿发展许春草、王兆培、周明辉为同盟会会员。

1908年（清光绪三十四年）

同盟会会员邱廑兢、王金印等人在河仔墘（今泉州路）创办鼓浪屿阅报所，后黄约瑟等人在大河墘（今龙头街）创办闽南阅报所。

年内，黄廷元捐款100银元赞助同盟会把邹容的《革命军》更名为《图存篇》印制散发。

1910年（清宣统二年）

3月　屿内12家鸦片馆被强令关闭，并禁止出售鸦片。

10月30日　成立交涉署，署址在今复兴路77号。该署为涉外机构，负责与各国领事馆办理有关华人与洋人纠纷的案件。

中华民国时期

民国元年

是年　日商在大宫前（今中华路）创办川北电话公司。民国12年黄奕住收购该公司，筹办商办厦门电话股份有限公司。

民国2年

8月29日　英商韦仁洋行在鼓浪屿办的电厂开始发电。

9月29日　北京国民政府任命厦门海关监督兼交涉公署交涉员。民国10年10月1日在鼓浪屿鸡母嘴租赁民房独设交涉署。同年2月移鹿耳礁。

秋　林尔嘉在鼓浪屿兴建菽庄花园。

民国3年

2月18日　工部局巡捕因处置龙头街福恒发菜馆门板占道引发冲突。

冬　英华书院叶青眼被孙中山委任为中华革命党福建支部支部长，民国5年在鹿耳礁一杨姓华侨家中成立中华革命党福建支部。

民国5年

4月16日　工部局巡捕在岩仔脚一条小巷内击毙1只从南太武山泅水登屿的老虎。该巷后被命名为虎巷。

10月1日　《民钟报》创刊。

民国6年

9月12日　1884年以来最强台风袭击鼓浪屿。税务司公馆西面走廊屋顶被刮走，副税务司公馆完全被摧毁。1000艘以上的大小船只失踪，约1000人丧生，财产损失达几百万元。

民国 7 年

是年　日本在外财团法人在西仔路头创办博爱医院，翌年创办附属医学专门学校。

民国 11 年

11 月 6 日　鼓浪屿公共地界常年公会通过邀请公界内华人纳税者组织顾问委员会的决议案。

民国 12 年

1 月　黄奕住等 5 人担任鼓浪屿工部局首届华人顾问委员会委员。

11 月　厦门与鼓浪屿之间市内电话 11 对海底电缆敷设完成，开始试用。翌年 1 月正式投入使用。

民国 13 年

3 月　庄希泉、许卓然以鼓浪屿图书馆为掩护，发展中国国民党党员。

年内　国民党人在鼓浪屿创办光华小学，作为活动基地。

民国 14 年

1 月　鼓浪屿士绅林寄凡仿效鼓浪屿洋人纳税者会章程，成立鼓浪屿华人纳税者会。

6 月 25 日　厦门各界人士千余人到鼓浪屿工部局前示威，抗议英国当局在广州制造沙基惨案。

10 月　全国教育会联合会通过取缔外国人在国内办理教育事业的决议，鼓浪屿教会学校逐步转为由华人组织学校董事会、由华人担任校长的格局。

是年　鼓浪屿商绅黄廷元在鼓浪屿上层中发起组织鼓浪屿华民公会。

民国 15 年

3 月　华民公会召开董事会，提出修改《厦门鼓浪屿公共地界章程》。

5月9日　鼓浪屿市民为纪念"五九"国耻日举行罢市，工部局逮捕散发传单的学生3名。17日，厦门教育会为此提出抗议。

9月24日　北京外交使团同意华董增为3人。

12月27日　华人公会推举黄奕住、王宗仁、李汉青为民国16年度首任华董。

民国16年

5月9日　鼓浪屿各界群众举行国耻纪念集会游行，工部局派巡捕驱散游行群众。

民国17年

1月　工部局局董改为洋人董事5人、华人董事3人，同时任命5个华人委员参与工部局财政股、建设股、卫生股、教育股、公安股等5个股的事务。

1月27日　成立鼓浪屿华人议事会筹备处，2月25日正式成立鼓浪屿华人议事会。

5月5日　创建于民国13年的私立鼓浪屿图书馆更名为中山图书馆，馆址在港仔后。

是年　法国籍华人黄仲训捐款10万银元，建造鼓浪屿黄家渡码头。

民国19年

2月15—20日　中共福建省第二次代表大会在鼓浪屿内厝澳449号曾家园召开。

是年　自来水公司购置运水船，在梨仔园、日光岩建低、高位蓄水池，铺设输水管道。

民国20年

1月1日　丹麦大北电报公司使用的厦门鼓浪屿电报线路合同期满，收归国有。

是年　陈焕章得香港商人郭大川资助，在鼓浪屿黄家渡难民所与日光岩寺施诊赠药。

民国21年

是年　屿内自来水输水工程竣工，开始向居民、商户供水。

民国22年

10月13日　黄家渡失火，延烧至锦祥街，毁屋200余间，千余人无家可归。

民国26年

7月1日　厦门岛与鼓浪屿间轮渡开航。

12月　鼓浪屿各中学组织宣传队，开展民众抗敌宣传活动。鼓浪屿青年抗敌服务团宣传队在鹿耳礁开展抗敌宣传、举办募捐活动。

是年　实施保甲制，屿内设10个联保，联保下辖保，保下辖甲。

民国27年

4月　鼓浪屿抗敌服务团大众救亡剧团举行首次公演。

5月10日　日军侵入厦门。大批难民涌入鼓浪屿。鼓浪屿收容难民工作全面展开。

9月　鼓浪屿各界向厦门市守军赠送慰劳金。

11月　鼓浪屿各中小学向厦门市守军赠送慰问品。

民国28年

5月11日　伪厦门商会会长、汉奸洪立勋在鼓浪屿被刺身亡。日军宣布戒严，同时派海军陆战队登陆鼓浪屿，英、美、法等国随即于17日派兵进驻鼓浪屿。后经协商，各方从鼓浪屿撤军。

7月1日　日本帝国主义扶植的伪厦门特别市政府成立，李思贤任"市长"。伪厦门特别市区划范围包括厦门岛、金门岛、浯屿。

9月1日　英、法海军陆战队因欧洲战争爆发而从鼓浪屿撤走。

10 月 17 日　英、美、法等国领事在日本压力下，与日本达成"鼓浪屿租界协定"。规定工部局副警务总监由日本人福田繁一担任；工部局增聘日本人、台湾人为警察；取缔反日书刊和反日集会结社。

民国 29 年

1 月 8 日　日伪厦门市"参议员"黄莲舫在鼓浪屿漳州路被枪杀。

民国 30 年

1 月 17 日　日伪厦门地方法院"院长"黄仲康在鼓浪屿三丘田被刺。

8 月　日军切断厦门与漳、泉之间交通。

12 月 8 日　日军强占鼓浪屿，接管会审公堂，工部局改组，全由日本人操纵，美、英侨民皆被拘留，集中看管。

是月　日伪当局解散鼓浪屿难民收容所。

民国 31 年

1 月 8 日　国民党军队派遣小股兵力渡海偷袭鼓浪屿，击毙日本巡捕长忠山贞夫。

10 月 9 日　美国政府和英国政府宣布愿意废除在华领事裁判权及其他有关特权。翌年 1 月 11 日，中美、中英签订"平等新约"，将公共租界之行动与管理权交与中国政府。

民国 32 年

2 月 27 日　伪国民政府"外交部长"褚民谊和日本外相重光葵签订《关于交还厦门鼓浪屿公共租界实施条款》。3 月，汪伪政权成立"厦门鼓浪屿租界接收委员会"。5 月 26 日，在鼓浪屿举行"废除鼓浪屿公共租界工部局"和"鼓浪屿公共租界行政权移交"仪式，同时成立汪伪"厦门市政府鼓浪屿办事处和鼓浪屿警察署"。

民国 33 年

3 月 15 日　汪伪厦门市政府鼓浪屿办事处改组为汪伪厦门市政府鼓浪屿特别区公所。

3 月 29 日　深夜，国民党军小分队渡海袭击鼓浪屿，擒获日伪巡捕多人。

民国 34 年

9 月 28 日　国民党海军第二舰队司令李世甲、厦门要港司令刘德浦在鼓浪屿海滨旅社举行驻厦日军受降仪式，驻厦日军司令官原田清一海军中将在投降书上签字。

民国 35 年

3 月 3 月　中共闽江工作委员会（城工部前身）在鼓浪屿开展秘密工作。

是年　罗马教宗宣布中国教会实行圣统制。厦门教区从此从代牧区升为主教区。

民国 36 年

12 月　中共漳泉厦临时工作委员会在鼓浪屿厦门大学新生院和英华中学成立党支部。

民国 37 年

5 月　中共闽浙赣区委城市工作部厦门市委员会在鼓浪屿内厝澳成立，王毅林为书记。

是年　在安海路 35 号成立中学教师联谊会中共特别支部。

民国 38 年

4 月 10 日　中共闽浙赣区委城市工作部厦门市委员会决定即日起停止活动。

7 月 22 日　蒋介石乘专轮来厦门，在鼓浪屿召集驻闽南各部队师以上将领会议，要求"确保厦门"。

中华人民共和国时期

1949 年

10 月 7 日　蒋介石抵达厦门进行慰问活动。午后 5 时半在行馆接见军政要员。当晚离开厦门返回台北。

10 月 17 日　晨，中国人民解放军第 31 军 91 师 273 团 2 营 4 连从鼓浪屿北端登陆。

10 月 23 日　厦门市军管会宣布解散反动党、团、特组织，命令其所属人员立即停止活动。

10 月 25 日　成立厦门市人民政府鼓浪屿区公所。

10 月 31 日　成立厦门市人民政府公安局鼓浪屿分局。

1950 年

3 月　废除保甲制，改设街公所，10 月改街公所为街政委员会。

8 月　成立市工商联筹委会鼓浪屿分会。

12 月　开展镇压反革命运动，至 1953 年 10 月基本结束。

1951 年

1 月 5 日　厦门市军管会发出"管制美国财产"的布告，接管美国创办的救世医院、美孚石油公司和美国领事馆等 10 多个机构、单位。

2 月　厦门天主教、基督教徒相继发表"三自"（自传、自治、自养）宣言。

5 月 21 日　厦门市军管会发出布告，严令一切反动党、团、特务人员依法履行登记，坦白自新。

1952 年

1 月　开展"三反"（反贪污、反浪费、反官僚主义）运动。

2 月　工商界开展"五反"（反行贿、反偷税漏税、反盗骗国家财产、反偷工减料、反盗窃国家经济情报）运动。该运动至 7

月结束。

7月21日　鼓浪屿公安分局撤销，设市公安局鼓浪屿区特派员指导屿内派出所工作。1956年7月9日恢复鼓浪屿公安分局。

9月　厦门市气象台在鼓浪屿建立。1980年迁往东渡狐尾山。

12月　改区公所为区人民政府。

1953年

6月1日　私立鼓浪屿中山图书馆接办清理工作结束，正式对外开放。

7月1日　中共鼓浪屿区委员会成立。

9月3日　厦门军管会取缔天主教内的反动组织"圣母军"。

1954年

1月　改街政委员会为居民委员会。

1955年

3月　设龙头、鹿礁、内厝3个街政工作组指导居委会工作。

10月　改区人民政府为区人民委员会。

1956年

1月19日　厦门市政府批准屿内工商业全部实行公私合营。

1月25日　屿内职工、工商业者参加全市职工、工商业者在中山公园的集会，向中共厦门市委、厦门市人委报喜，后举行环市游行，庆祝对私营工商业、交通运输业社会主义改造完成。

7月1日　林尔嘉家属献给国家的鼓浪屿菽庄花园正式对公众开放。

10月14日　"番仔球埔"改建鼓浪屿人民体育场的工程完工。

是年　编制《厦门市城市总体规划》，鼓浪屿规划为风景疗养区。

1957 年

3 月 23 日　厦鼓海底电缆铺设工程竣工，正式向鼓浪屿供电。

12 月 5 日　福建省水产养殖试验场在鼓浪屿田尾人工养殖海带，翌年获得成功。

1958 年

3 月　全市开展"大跃进"，屿内工厂骤增。

7 月 1 日　厦门玻璃厂试制灯泡成功，后建灯泡厂。

10 月　成立鼓浪屿人民公社。下设龙头、内厝 2 个街道管理区。

1959 年

3 月　鼓浪屿渔业捕捞大队成立，为厦门海洋渔捞公社下属单位。1984 年改属第二海洋渔捞公司下。1993 年 6 月改属厦门海洋实业（集团）股份有限公司。

1962 年

2 月 1 日　设于西林别墅的郑成功纪念馆开馆。

5 月 6 日　殷承宗获第二届柴可夫斯基国际音乐会钢琴比赛第二名。此前，殷在 1958 年获第七届世界青年联欢节钢琴比赛第一名。

1966 年

6 月　"文化大革命"爆发。各单位出现大量所谓批判"封（建主义）资（本主义）修（正主义）"、"反动学术权威"、"黑帮分子"的大字报。

8 月上旬　屿内各学校"红五类"（家庭出身为革命干部、革命军人、工人、贫农、雇农的五类人）子女派代表赴北京参加毛泽东接见革命师生活动。

8 月中旬　"红卫兵"在各学校开展批判"资产阶级反动学

术权威"、"横扫牛鬼蛇神"、"红色恐怖"等活动。

8月23日 "红卫兵"上街开展"破四旧"(旧思想、旧文化、旧风俗、旧习惯)行动,并伴随有抄家、批斗等行为,大批文物、古迹被毁坏。

9月 "革命造反派"开始将斗争矛头指向各级"走资本主义道路的当权派"。11月,区党、政机构对局势基本失控。

1967年

1月 市、区意见相左的"革命造反派"组织开始发生摩擦。

3月 市、区"革命造反派"组织分裂为"革联"、"促联"两大派别。之后发生多次冲突,造成人员伤亡。

1968年

9月24日 成立鼓浪屿区革命委员会。

1979年

1月1日 根据中华人民共和国国防部部长徐向前发布的命令,中国人民解放军驻厦部队即日起停止对国民党军占据的大金门、小金门、大担等岛屿的炮击。

9月 三一堂获准复会。

10月1日 "文化大革命"中被改名的区街恢复原名。

10月 龙头、内厝街道管理区改为街道办事处。

是年 成立鼓浪屿区日光岩景区管理所。日光岩景区开始收费。

1980年

3月7日 屿内一批在"文化大革命"期间因各种冤、假、错案受迫害和受株连的同志在中共厦门市委召开的平反大会上获平反。

11月 撤销鼓浪屿区革命委员会,成立鼓浪屿区人民政府。

1981年

是年 菽庄花园划归鼓浪屿区。区政府成立鼓浪屿园林管理所，归区政府建设科管理。鼓浪屿景区管理体制基本成型。

是年 落实宗教政策，鼓浪屿天主堂归还教会，1982年元月10日复堂开放。

1982年

是年 编制《厦门市城市总体规划》，鼓浪屿调整为风景旅游区。

1983年

7月 日光岩寺归还佛教协会。1987年11月30日，重建后的日光岩寺举行佛像开光典礼。

11月11日 全长581米的厦门至鼓浪屿渡海输水管道正式通水，结束了鼓浪屿靠船载水的历史。

1984年

2月9日 邓小平、王震视察鼓浪屿。

5月4日 中共中央决定把厦门经济特区扩大到全岛（包括鼓浪屿）。

5月 修建林巧稚纪念园毓园。1988年4月4日，林巧稚的骨灰迎回鼓浪屿，部分撒在鼓浪屿周围海中，部分葬在毓园。

9月 撤销街道办事处，龙头、市场、鹿礁、延平、旗山、大埭、笔山、鸡山、福祥、内厝、四松等11个居委会直属鼓浪屿区政府管辖。

是年 建立区一级财政。

1985年

8月 覆鼎岩海滨皓月园郑成功塑像落成。全园于1990年9月竣工。

1987年

2月6日 鼓浪屿—万石山风景名胜区被省人民政府批准为首批省级风景名胜区。

12 月 12 日　鼓浪屿鼓声隧道竣工，长 159 米，宽 4.2 米。

1988 年

5 月 5 日　设于八卦楼的厦门市博物馆正式开放。

是年　鼓浪屿被批准为国家级风景名胜区。

1989 年

1 月 22 日　省基督教协会在鼓浪屿三一堂举行按立牧师典礼。这是中华人民共和国成立以来厦门首次举行的按立牧师典礼。

2 月 4 日　鼓浪屿区政府在菽庄花园为林尔嘉铜像举行揭幕仪式。

1990 年

11 月 20 日　厦门音乐学校成立。

1991 年

3 月 20 日　全长 426 米的鼓浪屿龙山洞地下通道建成。

1993 年

4 月　日光岩索道动工，1995 年 3 月投入使用。2012 年 6 月拆除。

1994 年

1 月 1 日　鼓浪屿实行严禁燃放烟花爆竹和禁止无证养狗的规定。

1995 年

4 月 26 日　厦门鼓浪屿—万石山被定为国家级风景名胜区，其规划总面积确定为 245.74 平方千米，其中海域面积 211 平方千米。

1996 年

12 月 15 日　鼓浪屿夜景首期工程竣工。

1997 年

8 月 13 日　在湖里兴建的鼓浪屿工业园竣工。该园占地 1.2 万平方米，建筑面积 3.46 万平方米，屿内工业企业将陆续迁入该园。

1998 年

1 月　鼓浪屿海底世界正式对外开放。

2000 年

9 月 1 日　鼓浪屿区 ISO 14001 环境管理体系试运行。该区成为国内首个建立该体系的一级行政区和国家级风景名胜区。

2003 年

7 月 29 日　鼓浪屿区被撤销，其行政区域划归思明区，设鼓浪屿街道办事处，同时成立鼓浪屿—万石山风景名胜区管理委员会，作为市政府的派出机构。

附录2
厦门鼓浪屿公共地界章程

兹因中国将鼓浪屿作为公共地界，内有应添筑修理新旧码头、道路，设立路灯，需水通沟，设立巡捕，创立卫生章程，酌给公局延请办事上下各项员役之薪工及设法抽收款项，作为以上所用各项之公费，谨拟章法于左，呈候中国外务部大臣与有约各国驻京大臣商妥，奏请中国朝廷批准，谕旨遵行。

（一）公地界限

公地之内，现定章程，各应遵守。地方系鼓浪屿一岛，周环潮落之处算出十丈，酌拟一无形之线周围为界。此岛系在厦门西南向之西，约周围有地合英国一方里有半，华里四方里有半。

（二）常年公会

界内应设立工部局，专理界内应办事宜，西历每年正月，由是年之领袖领事官传知界内有阄之租业户，并知会道台派委住在鼓浪屿殷实妥当绅董之一二人，此人嗣后可为工部局之董事。公会一次核对该局前年支发账目、推举值年局员，并将是局中公费以及该局照例应为各项之事，酌议订定。应于公议前10日先行传知，公会时由年领袖领事官主会。该会系指众人公集，及来会者统计。有阄管业人不到，由付字代理人来者，有逾大半数而言。可以照续开规例，抽收捐款、照费，估捐田产、房屋之捐，并可抽收运入藏贮界内货物之输。唯百货之输，无论系运来及贮藏，均不得过货值百分之四。该会众人公集或来会者数逾大半，并可酌核抽收别项捐输。

（三）特会

领袖领事官，指当时者言，或出己意，或由别领事，系指一人或数人而言，公局与有阄之人必 10 人联名片请，可以传知完纳捐输之人，在常年会外别集办公会。未特会办之事，仍必十日前通知，并将何事特会先行宣布。会时何人主其会，与常年会时例同。会时议定之事，经在座有阄人三分之二允准者，在公界内之人均应遵行。唯其时在座举办局事人，不得少过三分之一。事经常会或特会议定，仍候各领事核准，如无各领事中之大半批准，何项条议虽经议允，概不准行。

（四）界内工部总局

局中办事之员，洋人五六位，华人一二位，共以　位为限。此五位洋人，系公会时经有阄之人　推举，此　位华人，系厦门道台派委殷实妥当之人，共此　人，至次年常会接办之员举定，方可交卸。

何项人在会议时有推举人员之权：

（1）凡洋人在鼓浪屿管地，在领事存案，估值不在 1000 元之下者，可以公举。洋人董事系公举，故必如此。华人董事由厦门道派定，毋须公举，不在此例。

（2）执有特字代前项管业人之不在此口者，可以公举。

（3）洋人除照费外，每年完捐在 5 元以上者，可以公举。

何项人可以举充局员列左：

（1）洋人有应管产业在鼓浪屿，估值 5000 元之上者，可以举充。

（2）寓居鼓浪屿洋人，租捐每年纳在 400 元者，无论该租系伊行、伊会或公司代偿，均可举充。唯同行、同会、同公司之内，许一人举充，同居之屋者，亦只许一人举充。

局员缺出：

期内遇有局董缺出，由值年局员公推补充，仍执三占从二之例。如遇有华董事出缺，仍由厦门道选充。凡局员举充后，皆应即行办事。每年支销册报，均于次年常会者核办。每年新举局员，应于首次会议时公举正局董一人、副局董一人。凡遇局中议事，可否之人平分，即视正局董之议为可否。凡议事均以三人为众，可以作断。如二人可、二人否，而局董可，即可者多一人，余类推。上文所用洋人二字，系别中国人而言，凡中国人生长他国及入他国籍而为他国人者，均不得入。

（五）局员权分所能为之事

照章将局员选定后，凡已经批准附入章程以后规例内一切权柄势力，并规例为议。归局董应办之事、应得之物，均全给与公局值年之董事及将来接办之后任。该局董有随时另行酌定规例之权，以便章程各项更臻完善，并可将已定规例随时删除增改，但不可与章程之旨相背，仍候批准宣示，方可施行。其局董照章酌定之例，除专指局内及所用上下人等事件，必由厦门道与奉有约各国领事官商妥，禀蒙中国政府及驻京公使批准，及特请诸位执业租主齐集会议应允，方可照办。

（六）局中员役

公局供役上下人等，如巡捕员丁等，公局可随时派委雇请，可办章程应办各事。所需月支薪工，由局核定作正开销。并可酌定规则，以便管束此等人，其任用辞退亦由公局作主。唯未经特会允准，派委额缺均不逾三年。

（七）追欠

倘有人不肯照付章程所定各项捐抽及不遵缴后附规例内犯罚之款，准由公局或其总经理事人，赴各管该衙门控告，察核情形，随时酌办。

（八）控告公局

公局可以告人，亦可被人控告，均由其总经理事人出名，或径用鼓浪屿工部总局字样亦可。凡控告公局及其经理人等者，应在领事公堂，此堂系每年由各国领事派定。唯局中派雇人员及总经理事人，遇因在局奉公被控者，所应得责任，只归公局之产业，不自任其咎。

（九）租地

凡洋人租转地基，应赴中国衙门及各该领事署报知注册之处，悉听历办旧章办理。

（十）公业归由公局掌管

凡界内现马路、码头、墓亭以及公局之地址房产，均由公局掌业。遇有推广以上各项另需地段之处，准由公局与该业户议价购置。如管业之人不售卖，而公局又系因公起见，如另筑新路、修整旧路，以及别项公用工程、保卫民生必需其地，可将案送候特派领事公堂判定。倘该局系因公起见，所事尚在情理之中，而又实无别地可换者，除传到人证问取供词外，应由公堂将所需之地址，按照随时所值酌断地价，由局照付，如其上有房屋，亦一体约定房价。遇有此项断归地址房屋，其所余之地，或因有而价有涨落，自应随时秉公妥议。公堂判定之后，倘有不遵之处，由掌业及租户之该管衙门设法劝令。在此系专指公局需用公地而言。此外，华洋商民产业买卖价值，悉听业主自便，不得牵引影射。凡道路码头，非先经理巡厅允行、由公局核准者，概不得兴筑。

（十一）地租

鼓浪屿虽作公地，仍系中国皇帝土地，所有地丁钱粮及海滩地租，照旧由地方官征收转交公局，贴充经费。嗣后如有新填海滩应完地租，仍归中国地方官收纳，不充公局，以定限制。

（十二）会审公堂

界内由中国查照上海成案，设立会审公堂一所，派委历练专员驻理。所属有书差人等，以资办公。该员应由厦门道概总办福建全省洋务总局札委。遇界内中国人民被控干犯捕务章程之案，即由该员审判。倘所犯罪案重大，应由该员先行审问，再行录送交地方官审理。界内钱债房产等项词讼，如有中国人被控，亦归该堂审办。案经该堂断定，须内地及厦岛地方官饬令遵断之处，该地方官不得推诿。凡案涉洋人，无论小节之词讼，或有罪名之案，均由该管领事自来或派员会同公堂委员审问。倘会审之员与该堂承审之员意见不同，以致不能了案，其案可以上控，由厦门道会同该领事再行提审。凡案内人证有现受洋人雇请及住洋人寓处以内者，传拘票签，先期送由该领事签字，方准奉往传拘。此外，中国人犯逃避界内者，应照上海移程，由委员选差径提，不必知照领事，亦毋庸会捕、协拘。华民仅受洋人雇请，而被传时并不住在洋人寓处以内者，票签不用先送领事官，但是日送由该领事官视何缘故，或签字或斟酌情形核销。其由该公堂听理词讼详细移程，应由厦门道台妥拟。

（十三）无票拘人

凡有侵犯公界之治安及秩序者，工部局不用特许票，得拘拿之。其有籍隶各国之人，可请各该国领事官发票拘拿之。所有拿获之人，应具理由书，送往各国法庭，按律讯办。

（十四）引渡罪犯

设有刑事案在厦门或内地发生，其犯事人逃至公界者，由海防厅发票派役送请领袖领事官签字，如犯事人在外国住宅内者，应呈请该管领事官签字。工部局巡捕应协助该役拿获犯人，并即解送。如遇紧急情形，可先将犯人拿获，随后签字，照第十二条手续办理。

（十五）违章罚款

凡根据本章程订定之规则，按照规则所应收之罚锾、充公及抽捐等款，可向各该管领事或其他官员直截征取，该官员视为适当时，得依法强制执行，命令该犯事人缴交罚锾、充公等款，及因执行而发生之公费，按照本移程及规则征收。所得之罚锾等款，概归工部局收入项下，以开销一切公费。

（十六）修正章程之手续

嗣后如发见章程内有必须更正或增订之处，或文字有疑义，或权限须磋商，须由领事团及中国地方官订议妥协，呈由北京外交团及中国最高政府批准。

一千九百零二年一月十日在厦门日本领事署签押。

签字人：兴泉永道延　　领袖领事日本领事

海防分府张　　英国领事

厘金委员郑　　美国领事

外交委员杨　　德国领事
　　　　　　　　法国领事
　　　　　　　　西班牙、丹麦代理领事
　　　　　　　　荷兰、瑞典、鲁威领事

　　说明：本附录抄录自档案资料，间有缺字或不妥处，一如原样，不予改动。

附录 3
厦门鼓浪屿公共地界规例

管理鼓浪屿地方主权者，系工部局，凡有一切呈禀词讼，可径递本局。如有人以本局判断未尽公允，然后可上控于领事公堂，应由领袖领事官转达，此外别有主权概不承认。

第一条　管理沟渠

凡公共地界之内，一切公用之沟或系阴沟或阳沟均专归公局一体管理，唯该沟应洗涤清净及修葺，工料之费归公局发给。

第二条　监督私沟

凡各私地界沟渠所有阴沟、阳沟均归公局绅（董）监督，由监督者酌定一准之时进入该处勘验，如勘验该私沟确有淤塞不通或有污秽积毒，恐有害人身命，由公局令地主将该沟若何改换修筑知会该地主，或该地主不在彼处，即租户或贷主于一礼拜内开工，倘遇限不开，听公局自行修葺，将洋人修葺需费若干到领事署、华人修葺需费若干到公堂，如数控追赔偿，并另罚银以 7 元为限。

第三条　窒碍街道

公局管辖之街，如有任意窒碍或将铺之砌砖石等项物料，擅自取去及私行改动者，除由公局允许字样凭据外，即应照罚，以10 元为限。

第四条　伸出街道各项

凡各式房屋门前檐篷、游廊天篷伸出，窗户、石磴招牌及门、墙壁、篱笆拦阻街道，与行人致有一切危碍不便之处，均可由公局察看情形，劝令搬开。该房屋租房等人奉到饬知单，限14 天遵办，如不遵办，每事以罚 7 元为限，并由公局自行拆修搬开。所需工费仍可向索，倘不付出，即照控追赔偿款之例而行，所有拦阻街道各事若由房东所为，租户可将自己之各项工费在房主每月租金之内扣还清楚，合并声明。

第五条　打扫街道房地

凡住地租房之人，应将房屋前面行人走路之处，遵照公局指示随时打扫干净，其四面沟之泄水处所，亦须沟治通畅，并将垃圾灰尘等项污秽扫除干净，如不遵办以罚 5 元为限，如贫户无资，可罚禁押，以 3 日为限。

第六条　挑除垃圾等物公局定时以外

公局酌定一与人家方便合宜时刻，专为挑倒厕所便桶秽水污物而设，绝不能稍有逾越，公局将所定时刻出示通知，以后倘公界内有挑倒污秽之人出于限定时刻之外者，又无论何时有人将所用运物各式车辆、桶具等项并不设盖或有盖而不足适用致臭气四散污秽倾溢，应照罚银以 6 元为限，如无资，可罚押禁以 3 天为限。

第七条　坑秽

凡房地业主租户均不准在房内或在地界内死水之坑令人厌恶之物堆积，经公局给文以后逾 48 点钟尚不能挑倒干净或将阴井、厕内污水任其满溢浸泛致附近居民憎恶，以及牧养猪豚等事，每事以罚 5 元为限，即由公局将此等物、污秽、坑厕、阴井等项自行挑治洁净，以免大众憎嫌，因做此等工费用，仍向犯例人索取，不付照控追赔款之例而行，此项银两由公局查明，先向租户索偿，倘无从寻觅，可向业主追讨。

第八条　挑除污秽等物

公界内堆积污水粪秽等物，经公局查明实在情形与人精神身体有碍，公局经理人即通知该物业主或住该处之人，限令 48 点钟内全行搬开，如不遵办，即由公局饬承雇工役搬开，工资仍向物主等追回，不付即照控追赔款例行。

第九条　查视房屋污秽

公局查知界内房屋全间或一角有污秽不洁情事，致与邻近之人身体精神大有险碍或云将此屋修整粉饰，方免臭气四达、瘟疫丛生，又云有阴井、沟、厕及装污秽水坑失修，与附近之人身体精神有妨，公局即知照该物主，令将此房屋等项在酌定时刻内，照所指做法迅办，有抗延者每次以罚 7 元为限，并由公局自行雇役将房屋粉饰、淘井、通沟、挑倒坑厕等事办竣，所需工费，照控追赔款例行。

第十条　照顾水井

鼓浪屿地方之人所用之水皆时（为）井水，最为关重，应即设法不使该水井有污秽，不准厕所及屎坑暨污秽水坑、粪秽等物临近水井，其所临道路、田园、水井远近，遵公局所定而行，如有将污秽临近水井，经公局传知该人将该各秽除去，如两天内不照行，即应罚银以 5 元为限，嗣公局便可派人将该各秽搬去，其搬开工费，仍向各该人索追，不付即照控赔款例行。

第十一条　报犯瘟等毙

凡有痒子瘟、霍乱、出花或别传染之病致毙者，应于 12 点钟内报明公局，公局勘察该地情形，除去瘟气。如该地主租户无力，除去瘟气之费，由公局全行发给或不全行发给。如房主家长不报，首案罚银不过 20 元为限，以后每案罚银不过 50 元为限。

第十二条　阻止公局打扫工役之罚

凡所租房地在公界以内，经公局雇定工役专司打扫须有一准之时，由公局先期知照，派体面人查看应须打扫，如有人不肯遵照向其任意拦阻者，每次所罚不得过 25 元。

第十三条　盖房屋与华洋人居住先问公局

从此章程及后附规例颁行之时，凡房屋欲与华、洋民人居住或欲新盖房屋，须将坐落地址，向公局函示而行，不准私相授受，其新盖房屋格样务求明亮，须遵公局指示，或黑暗狭隘不能如法应改易，务切拆改，以免疫气传染害人，倘有不遵者，罚银不过 100 元为限。公局可商请该管官员派差弹压，将该屋拆去，以示警戒，其所有需费仍向该犯例造之人索取，不付即照控追赔款之章办理。

第十四条　危险货物

公局以内与人性命有害之货物，如火药易轰之物及焰硝硫黄，又应行限止趸积堆放，数目不能逾额之火酒、石蜡油及各种易轰之煤气药水等物，均不准运到鼓浪屿岸，倘有犯者，第一次以罚 250 元为限，第二次以下不得过 500 元，并可将该货物充公支用。如有将煤油或别易燃灯油运进公界内者，仅准堆放，乃专指栈房或别处所，准公界内各房屋及铺户不准超过 10 箱，或自己用或卖他人，以 10 箱为限，如有违者每次罚银 10 元另将 10 箱之外溢额充公。

第十五条　执照费

公界以内如有人开设众所游玩之处，如唱曲，赌场所，戏馆，打球场，马戏场，弹琴所，酒店，食肉各铺宰牛、羊、猪、鸡，或出卖各种令人沉醉之药等物，出租船、车、马车各具在公局码头装货卸货，自置出租之船，并卖赌票铺各等项生意，均捐取公局所给执照，倘系给与西国人，须由领事官画押，公局可任便定立执照条例，向捐执照人索取各式保单，亦有时酌量情形无须执照保单者，所有各执照捐银之数，按年会议定而行，倘犯此例，初次罚 30 元、二次 60 元、三次 100 元为限，如不遵照，每 24 点钟应罚 25 元为限。

第十六条　不准嚷闹

公界以内如有人在公路或距公路不远施放大、小洋枪或无故任意大声喧闹，乘马、船、车到处疾驰及不合情理等事，每事议罚不得过 3 元。唯打球场并公局所指之处准其放枪。

第十七条　不准身带利器

公界以内，无论何人不得身带利器行走，大小洋枪、刀、小扎刀、棍上有铁皮包者，皆以凶器论，除厦门提道及领事官，公堂、公局特行允准及水陆员弁团练兵、号衣之兵丁公出外，如犯此者，10 元为限，或押一礼拜（有做苦工或不做苦工），携枪打猎者不在此例。

第十八条　规例

凡事照常例，如喧闹、臭秽等取人厌恶，致被控告，查系实在者，不能强词隐饰以为所行合例而冀推卸，应如何示戒，由该管官员秉公酌断。

第十九条　罚数追缴

此条例内罚外国人之数充公等项，如未指明如何追缴之处，可在该管领事署控追该管领事官查实，即饬犯例人照付，并酌令缴出堂费及公局控告费。

第二十条

此条例刊印后，如有例应议事人向索用，即公局经理人照给，不取分文。

附录4
鼓浪屿公共地界工部局律例

粘贴广告

不准于本公界内楼屋或墙壁等处粘贴广告，违者定则拿办。

滥用风枪

本公界内禁用风枪，违者定必拘捕究办，并将其风枪充公。

游濯

凡有在海边行状令人可厌者，准巡捕立即拘拿。游濯者必须穿游濯衣袂，欲换之时，不准在海边。

脚踏车

不准乘脚踏车于人烟稠密之处，以致伤害行人，违者拿办不贷。

妓馆

凡本公界内不准开设妓馆。

建筑

（1）凡呈请建筑书内，当附图详绘，并载明长阔度数。

（2）该图经董事许可后，应遵守图中所载，不得逾越。

（3）凡重建或新筑屋宇，其沟渠水道，当绘明图中。

（4）无论何屋，其建筑不得侵及公路或小路抑公业。

（5）须开凿水井，宜具充足之泉水。

（6）该新屋之沟道，须接连公沟。

（7）新筑之屋，须具一水池，以收集屋上雨水。其池之大小，由本局董事审定。

（8）建筑工程，须于 12 个月内完工。倘过期未能完竣，则建筑执照费当再缴纳。

（9）倘所纳之建筑执照未曾用过，可于 12 个月内将所纳之照费取回八折。

（10）建筑照内所开条件，应一律遵守，违者立即阻止停工，并召回该建筑执照。

（11）凡价值 5000 元以下者，每百元须纳 1 元；凡 5000 元之外者，每百元须纳洋 5 角。

轿馆章程

（1）本局所定轿馆章程并轿资等事，并将诸条例开于左。

（2）诸轿馆须应报名登册，并每月缴记费壹大元。

（3）每乘轿须有号牌悬挂在轿之两边，该牌号码不得短至 2 寸之内。牌由工部局自行发给，不取分文。并轿资开列如下：

轿夫两名，确实挑扛时间

5 分钟	定资洋 2 角
10 分钟	定资洋 3 角
15 分钟	定资洋 4 角

30 分钟	定资洋 6 角
1 点钟	定资洋 1 元
2 点钟	定资洋 1.6 元
3 点钟	定资洋 2 元
4 点钟	定资洋 2.5 元
5 点钟	定资洋 3 元

（4）轿班二名同轿，每日给资洋 3 元，一日是由早上 6 点起计算至晚间 6 点止。

（5）凡有人晚间 11 点以后雇轿者，须应比以上所定轿资多给一半之数。

（6）凡欲雇轿探客者，须先与轿夫言明，或在该处守候，或回轿馆定时再来，若无预先设法，则该轿夫可将守候之时间取给轿资。

（7）所定之资，系属客人平常来往路程，非关别等事故，如丧殡喜吉节日，若订日期欲雇者，须当先行彼此商酌为妥。

（8）凡干犯以上定规一条者，定将该轿馆头人带到会审公堂讯究所犯等事。

（9）所定章程，系印以英文及汉文，统行发给诸轿馆实帖，凡有请给，可也。

（10）凡雇轿班者，须直向轿馆雇请。

（11）每二名轿夫守候时间，每点钟 1 角，于夜间 11 点以后，每点钟 2 角。

家畜

鼓浪屿公界内，凡有畜养鸡、猪、牛及一切家畜等类，理宜约束，不宜放在路上肆行，因有违碍本局章程，除出示禁后，倘有不遵示禁，仍将此等家畜放出肆行糟蹋公路，一经本局巡捕触见，即将此等畜类充公，并饬传畜养主人到会审公堂理罚不贷。

残酷家畜

凡本界内居民，如有殴打或残酷家畜等者，必须拘捕究办。

割伐树木

凡逾越花园以及在公路割伐树木者，因有逾过私界及在公路割伐树木之情由数件，而且常在花园墙界内等寻拾柴火者并割伐树木者，损坏甚多，各巡捕等有受严命，倘有故违者，定即拘拿究办不贷。

养犬执照

本公界内所有畜狗之家，须于每年正月间到本局领给牌照，若无领牌之狗，肆行公路，一经巡捕触见，立即击毙。

纸炮

本公界内不准居民于夜间 11 点至晨 7 点以内燃放爆竹及种种花炮。

赌博

于本公界内不准赌博或开设赌馆，违者定则拿办。

羊照

（1）凡有畜羊者，须到本局给照。

（2）其照不准他人顶替执用。

（3）如有新买及死亡之羊者，应必报告本局，倘有不遵守者，即拿办不贷，并罚银 25 元。

肩挑贸易执照

（1）凡肩挑贸易在鼓浪屿者，必先到本局给执牌，其牌资每月大洋5角。

（2）华民肩挑贸易在本界内贩卖杂货所自过外国楼前者，宜肃静而过，不可大声贩卖，以免喧嚣，并不准立街中以碍行人。

（3）凡肩挑贩卖一切食物者，如鱼类、水果等物，须用网盖遮。

（4）不准于本界内贩卖冰水、冷水或割开生果等，违者究办。

名胜石

凡本界内名胜石，不准开凿。如印石、复鼎石、剑石、升旗山石（鹿耳礁）、鸡母石、鸡冠石（东山顶）、金冠石（港仔后）、燕尾石（内厝澳）、威尔顿石（内厝澳）、骆驼山石、鼓浪石（五个牌）、日光岩石、笔架山。

垢秽物

于本公界内，不准于街道弃垢秽物，违者则拘捕究办。

旅馆执照

凡本公界内所有旅馆酒铺，须到本局给照，其照分为三等：一等20元；二等10元；三等6元。如给照系外国籍民，其所执之照，须经其领事盖印。执照之条例如下：

（1）执照不准他人顶替执用。

（2）如有不遵守者，将其牌照注销，并将其保证金充公。

（3）所贩卖之酒，须随时开与卫生员或本局所派之职员监查。如有不清洁或不合卫生者，本局欲将其酒充公，一概不赔偿。

（4）夜间迟限 12 时闭门，至晨 6 时再开，而于礼拜日当于上午 11 时至下午 1 时闭门。

（5）凡夜间贸易之时，其大门须燃电灯。

（6）其生理非得本局允准者，不得转让他人。

（7）不准于馆内赌博及无秩序之行为，如酒醉等情。

（8）不准土棍或品行不端正者避难于其内，本局巡捕可随时入内查检。

非法拘捕

于本公界内不准非法拘捕，以致惊惧居民，违者即拿办不贷。

粘贴广告

本公界内不准楼屋、墙壁或街道等粘贴广告或表显非礼图绘及种种不适当之物，违者定则拿办。

码头章程

（1）双桨载客，仅准在码头左边。

（2）右边则全为搭客上岸及电船、舢板载客之用。

（3）电船、舢板于起客或落客后，当立刻驶开，以免阻碍交通。

以上章程有不遵者，定必拘捕究办不贷。

风筝

于本公界内不准在街道放风筝，以阻碍电线或德律风线等；如有不遵者，定则拿办。

牛奶厂章程

贩卖牛乳者，各宜涤洗其应用之瓶，以便本局监察者检查。

牛奶瓶之涤法如下：

（1）先以清水洗净之；

（2）洗刷之后，其器皿须原置其位；

（3）未分给之时，须经监察员封盖。

本厂限于夜间2时开至8时，又于下午2时开至4时。

牛奶捐如左：

半斤每瓶1占（注：占为货币计量单位分的厦门话）；1斤每瓶占半；2斤每瓶2占。

酒照（洋酒）

凡本界内旅馆铺户如有卖洋酒者，须到本局领给执照，照费每季大洋25元；如有外国籍民之执照者，其照须经其领事盖印。

执照之条例如下：

（1）其照不准他人顶替执用。

（2）有不遵守者，本局欲将牌照注销及其保证金充公，并将其领照之人拘捕究办。

（3）凡所售之酒，应听卫生员或本局所派之职员随时检查，该酒如有不清洁或不合卫生或有毒者，本局欲将该酒充公，一概不赔偿。

酒照（华酒）

凡有旅馆铺户卖华酒者，须到本局领给执照，其照费每季不等。

执照之条例如下：

（1）其照不准他人顶替执用。

（2）若有违犯于章程者，本局欲将其牌照注销及其保证金充公，并将其领照之人拘捕究办。

（3）倘无领给旅馆执照者，不准在店中给人饮酒。

（4）所售之酒应听卫生员或本局所派之职员随时检查，该酒如有不清洁或不合于卫生或有毒者，本局欲将该酒充公，一概不赔偿。

（5）不准于馆内赌博或不正当之行为。

（6）凡土棍及品行不端正者，不准住在酒楼或旅馆，本局巡捕不论何时可入内检查。

嚷酒（注：即猜拳）

本公界内，无论何人，不准任意大声嚷酒，以碍治安，违者立即捕办不贷。

鸦片

不准于本公界内私运鸦片以及设烟馆，如有不遵守者，定则拘捕究办。

结队游行传单表示

鼓浪屿既属公共地界，五方杂处，人民日繁，治安亟应维持，秩序不容紊乱，以固公共之利益，抑亦本局之责任也。况当兹时局纠纷，遍地骚扰，而于此偏小之公界，尤易构怨而酿成巨患，清夜思之，怒焉忧虑。本局深愿各民对于平素所有行为，务本忠义慎重，倘所做何事或若何举动及表示，致使甲国人民触怒乙国人民者，本局均当防止之。嗣后，除国庆纪念，群相祝贺，以及学校宗教团体社会，有正当之秩序、肃静之经过，与夫婚娶之、丧葬之寻常阵行外，凡有其他之结队游行或传单表示，未先得本局之许可者，则本局巡捕长暨巡捕员，均受有明令，得随时阻止之。但此项许可，须于 48 点钟以前请求之，唯照准与否，本局自有裁夺。凡此谆谆忠告，无非为保治安。自示之后，各宜遵照，本局实为厚望焉。

告谕

凡粘贴告谕于本公界内者，除先得本局允准者，一概禁止。如有中国官厅送上告谕，须先由领袖领事通告后，转送于本局盖印，然后由本局巡捕粘贴之。

卫生广告

本鼓浪屿各铺户及肩挑贩卖一切食物者，如鱼肉、水果等物，时时用网盖遮，以免蝇蚋集传染疾病。若夫挑贩之布盖，亦须先带到本局查验适当，方能准用。所有冰水、冷水及剖开之生果，不论铺户或挑贩，由本日起，一律禁止售卖，以防暑天传染疾病。倘敢故违，立即捕办不贷。

报告身故章程

本界内有居民身故者，必报告本局书记，并将其医生证明书附上。

双桨小船规则

（1）各船户须将船牌安置船中后座，以便搭（客）上下船时，可以一望而见。其牌上又须用汉、英文两样字写明该船之号并工部局之字。

（2）搭客每人只准收资 4 镭（注：厦门话称 1 个铜板为 1 镭），如一人另搭一船者，准取小洋 1 角半。若夫昏暗之际、黑夜之间，则准收费 3 角为例。

（3）倘遇风涛大作之时，船资准可酌加一半或倍之，唯

（视）风浪之势如何。

（4）轿客并轿夫每载收 2 角，如空轿并轿夫，则准收费 1 角半。

（5）每船只准载客 6 人，不准多载。倘有船户违犯此条，客人应当自保稳妥，并准指明该船户牌照号，驰报本局。

（6）工部局给领船牌费，各船户每月须缴大洋 0.4 元。

（7）各双桨小船户等，各须遵照规则，倘敢故违，定即究办不贷，并将其船牌取回注销。

（8）各搭客人等，倘有船户玩违规则者，准其指明该船牌号，并将申诉之辞，禀呈本局，以便究办。

招牌

（1）凡有招牌，须离公路 7.6 尺之高。

（2）其牌不准侵入公路 3 尺，并不准其遮蔽公路之电灯。

屠场

所有屠场皆受工部局管辖。监查屠场者须察其有合卫生与否，然后盖印。倘有不合卫生者，不准贩卖。本局供给温水及种种需用之器。

畜类之捐如左：

屠牛每只大洋 1.5 元、羊大洋 0.5 元、猪大洋 0.5 元。

凡屠夫与贩卖者须遵守条例如下：

（1）所有猪畜等须宰于本屠宰场。

（2）肉须带有本屠宰场之印花。

如有不遵守本局定章，必拿办不贷，并将其牌照注销。

遮洋

（1）本局唯准设帐帷以临时遮蔽食物，当其摆用于太阳照耀之间。

（2）帐帷须用可涤净之布制之，宜守清洁，并须离公路 9 尺。

（3）倘帐帷有碍于卫生者或不合用之处，本局一概不准。

侵入私业

本公界内不许居民逾入私界，违者定必拿办不贷。

演戏执照

（1）凡本公界内欲开演戏者，必先到本局给照。

（2）所领执照，不准别人顶替执用。

（3）晚间至迟限于 11 时闭门。

（4）不准演唱无耻及非理之戏。

（5）应听上差巡捕随时入内查看。日戏 1 元，夜戏 2 元。

巡捕格外职务

凡有另雇本局巡捕于其职务外者，须先禀告局长，其费每人每点钟大洋 5 角。倘因有公事上之要务者，本局不得准其呈请。

本局办事室时间

本局办事室由上午 9 时开至 12：30 止，又由下午 2 时起至 4 时止。

参考书目

《明季北略（上）》，（清）计六奇著，中华书局 1984 年版

《光绪朝东华录》第五册，（清）朱寿朋编，中华书局 1984 年 2 印

《二十五史·清史稿》，上海古籍出版社、上海书店 1986 年版

1939 年新加坡《南洋年鉴》第一回

《八闽通志》，（明）黄仲昭修纂，福建人民出版社 1990 年版

《闽书》，（明）何乔远编撰，福建人民出版社 1994 年版

《万历泉州府志》，（明）阳思谦、黄凤翔、何乔远等人编纂，泉
　　州志编纂委员会办公室 1985 年影印本

《鹭江志》，（清）薛起凤主纂，江林宣、李熙泰整理，鹭江出版
　　社 1998 年版

《厦门志》，（清）周凯总纂、厦门市地方志编纂委员会办公室整
　　理，鹭江出版社 1996 年版

民国《厦门市志》稿，厦门市文献委员会编、厦门市地方志编纂
　　委员会办公室整理，方志出版社 1999 年版

《厦门市志》，厦门市地方志编纂委员会编，方志出版社 2004 年版

《同安县志》，吴锡璜总纂、厦门市同安区地方志编纂委员会办公
　　室整理，方志出版社 2007 年版

《厦门城市建设志》，厦门城市建设志编委会编，鹭江出版社 1992
　　年版

《华工出国史料汇编》第 1 辑，陈翰笙主编，中华书局 1985 年版

《中国封建政府的华侨政策》，庄国土著，厦门大学出版社 1989
年版

《热兰遮城日志》第 1 册，江树生译注，台南市政府 1990 年发行

《近代厦门涉外档案史料》，厦门市档案局、厦门市档案馆编，厦
门大学出版社 1997 年版

《厦门抗日战争档案资料》，厦门市档案局、厦门市档案馆编，厦
门大学出版社 1997 年版

《画说厦门》，厦门市建设与管理局、厦门市城市建设档案馆编，
福建美术出版社 2009 年版

《1937 年度鼓浪屿工部局报告书》中文译本

《厦门的租界》，政协厦门市委员会文史资料研究委员会编，鹭江
出版社 1990 年版

《鼓浪屿文史资料》上、中、下册，鼓浪屿申报世界遗产系列丛
书编委会 2010 年 3 月编印

《口述历史——我的鼓浪屿往事》，中共厦门市委宣传部、厦门市
社会科学界联合会编，厦门音像出版有限公司 2011 年版

《东印度航海记》，（荷）邦库特著，姚楠译，中华书局 1982 年版

《晃岩集》，（明）池显方著、厦门市图书馆校注，厦门大学出版
社 2009 年版

《西海纪游草》，林鍼著、杨国桢校注，《走向世界丛书》，岳麓书
社 1985 年版

《台湾外志》，江日升著、吴德铎标校，上海古籍出版社 1986 年版

《闽南伦敦会基督教史》，周之德编，闽南大会 1934 年版

《近代中国史事日志》，郭廷以编著，中华书局 1987 年版

《近代厦门社会经济概况》，戴一峰译，鹭江出版社 1990 年版

《徐继畬及其〈瀛环志略〉》，［美］德雷克著、任复兴译，文津
出版社 1990 年版

IN AND ABOUT AMOY，［美］腓力普·威尔逊·毕著，陈国强译，

中国基督教卫理公会出版社 1912 年第 2 版，厦门市博物馆
　　1991 年刊印

《中国近代建筑总览·厦门篇》，郭湖生、张复合、村松伸、伊藤
　　聪合编，中国建筑工业出版社 1993 年版

《厦门史略》，李启宇著，2007 年厦门社科丛书，福建人民出版社
　　2008 年版

《走出中世纪》，朱维铮著，复旦大学出版社 2008 年版

《闽南新闻事业》，许清茂、林念生主编，福建人民出版社 2008
　　年版

《王毅林文集》，王毅林著，中央文献出版社 2009 年版

《近代西人眼中的鼓浪屿》，何丙仲辑译，厦门大学出版社 2010
　　年版

《厦门史料考据》，李启宇著，厦门大学出版社 2013 年版

《清季闽南基督教会研究》，姜嘉荣撰，香港浸会大学哲学硕士
　　学位论文，1999 年 9 月未刊稿

《美国归正教在厦门》（ *The Reformed Church in China* 1842—1951），
　　Gerald F.De Jong

《闽南长老会 80 年简史》影印本，许声炎编，金井基督教堂 1920 年

《闽南中华基督教会简史》影印本，许声炎编，中华基督教会出
　　版社 1934 年版

A BIG LITTLE MAN，〔美〕Tom Dekker 撰，詹朝霞译

A BRIEF SKETCH OF THE LIFE AND WORK OF DR JOHN A.
　　OTTE，A.L Warnshuis，M.A. 撰，詹朝霞节译

后　记

　　十分感谢厦门市社会科学院王琰院长的信任和嘱托，使得本书的作者有机会把多年来积累的关于鼓浪屿的资料以及对于这些资料的思考做一番认真的梳理。

　　本书初稿草成后，举行了一场小范围的茶话会，知名学者谢泳、《厦门文艺》主编曾纪鑫、厦门晚报社资深文史编辑黄秋苇、鼓浪屿知名作家李秋沅、知名文史作家林良材和厦门市社科院院长王琰在茶叙会上对本书的写作提出了许多指导性意见和建议。

　　根据茶叙会上的意见以及作者自身的思考，对本书做了第一次全面修订。之后，厦门市社科院院长王琰和88岁高龄的老前辈黄猷先后审读全稿，分别从观点、资料处理以及行文等方面作出许多具体的批示。

　　根据王琰院长和黄猷老前辈的审稿意见，作者对全书又进行了两次较大范围的修订。在书稿送交出版社之前，作者还进行了多次局部的调整和补充。

　　在本书付梓之际，谨向多次修订过程中给予竭诚帮助、悉心指点的前辈、学者、领导和文友表示衷心的感谢。

　　鼓浪屿是座万人瞩目的岛屿，许多知名和未名的人士为鼓浪屿的研究做了大量的工作，他们的劳动奠定了《鼓浪屿史话》的基础。本书编写过程中参考了许多专家、学者的著述，已在书中注释和书后参考书目中详列，但许多资料是多人合集的，未能逐一列名，恳请有关人士谅解，并在此表示深深的谢意。书中随文照片除了自拍部分，大多选自厦门市建设与管理局、厦门市城市建设档案馆编印的《画说厦门》，少数为网络截屏图片，特向相关单位致谢。

尽管经过数易其稿，但由于时间紧迫，加上作者水平所限，本书不足之处在所难免。恳切希望关心鼓浪屿的各界人士给予批评指正。

著者
2013 年 7 月

写在后面

李启宇

詹朝霞

著

《鼓浪屿史话》即将付梓，《厦门社科丛书——鼓浪屿历史文化系列》一套10本总算出齐，一块压在心上几年的石头终于落地。

按照最初的策划，《鼓浪屿史话》是这套书的第一本。2009年我们组织编写这套书，自2010年1月出版第一本《鼓浪屿风光》，到2012年1月出版第九本《鼓浪屿教育》，再到现在出版第十本，经历了将近5年时间。李启宇老师是2013年元旦期间接到写作此书邀请的，经过考虑，他提出自己找一位助手的唯一条件，答应半年内交稿。于是，詹朝霞女士以助手身份加入，承担了第四章的写作。3月底我们便看到了本书初稿。这个速度，得益于李启宇老师对鼓浪屿历史、厦门历史长期的、深入的研究，可谓成竹在胸，一挥而就。

这套书撷取鼓浪屿历史文化的十个方面，力求向读者生动流畅地介绍鼓浪屿历史文化。当然，鼓浪屿历史文化远不止这十个方面，例如她的经济生活，她的那些领事馆、报馆、民间社团，她抚育的文学家、美术家，等等等等，都可以单独写成厚厚的书。这套书初读下来，感觉还是流畅的，是否生动，只有请读者评判了。出版界有句"无错不成书"的谑语，这套书也未能幸免，在这里谨代表编纂出版者致歉。

在这 10 本书出齐的时刻，要感谢它们的作者黄橙、泓莹、何丙仲、颜允懋、颜如璇、颜园园、彭一万、林丹娅、洪卜仁、詹朝霞、苏西、许十方、陈峰、李启宇（按出书先后为序）；感谢指导 10 本书写作的学术顾问陈嘉明、彭一万、何其颖、陈明光、郑小瑛、龚洁、何丙仲、林兴宅、黄猷先生；感谢一起策划编写这套书的陈仲义先生；特别要感谢总审稿黄猷先生，他以 80 多岁的高龄并在患有眼疾的情况下，拿着放大镜甚至请助手朗读，认真为这套书把关，提出了许多建设性的宝贵意见；特别要感谢老领导蔡望怀先生，他对这套书关怀备至，多次赐教，给予我们十分有益的倾心指导。可以说，这套书凝聚了众人的心血和智慧。

鼓浪屿是厦门最美、最知名的地方。她的美、她的知名，不只缘于她的自然风光，更加缘于她的人文气质。人们或许要问，鼓浪屿的气质何以生成？ 她与厦门岛窄窄鹭江之隔，为何就有这般的不一样？ 这使我想起了孙中山先生的一段话。辛亥革命 12 年后的 1923 年，孙中山先生在香港大学的一次演讲中，讲到自己革命思想的形成源于香港时说："我于三十年前在香港读书，暇时辄闲步市街，见其秩序整齐，建筑闳美，工作进步不断，脑海中留有甚深之印象。我每年回故里香山二次，两地相较，情形迥异……我恒默念：香山、香港相距仅五十英里，何以如此不同？ 外人能在七八十年间在一荒岛上成此伟绩，中国以四千年之文明，乃无一地如香港者，其故安在？ "（《孙中山全集》第 7 卷，中华书局 1981 年版，第 115 页）孙中山先生思考的结果是：放弃医人转而医国，革命——推翻清廷、建立共和。

90 年后的今天，孙中山先生的疑问，依然启发着我们思考。也许每个人都会有自己的答案，但至少有这样一点不容忽略：既要建国更要树人，培养善良、诚实、体面的现代市民，构筑人们崇高的精神世界，再造我们的集体人格。

毋庸讳言，被迫把自己的国土划出一块给外国人，实施以他们为主的行政管理，建立治外法权，这对我们的民族自尊心是莫大的伤害，是民族历史上的耻辱；也毋庸讳言，往日的鼓浪屿上，也曾经有外国人向我们投来鄙夷的目光甚至伸出罪恶的手，欺凌和掠夺我同胞；同样毋庸讳言，由传教士带来并传播的西方文化和生活方式，由工部局引入并推行的社会管理和生活规范，既让鼓浪屿人在情感上觉得屈辱和被伤害，又让鼓浪屿人实实在在地感受到了卫生健康、教育启蒙、太平安宁之类的实惠，多多少少体会到了以自由、平等、博爱为旗帜的西方文明。这是在国人治理下从未有过的新奇。于是那些当官的、经商的，有钱的、没钱的，台湾的、南洋的……纷纷用脚投票，把选择目标定在了鼓浪屿。

记录和研究历史，主要是为了开启未来。鼓浪屿是中国近代以来社会发展变迁的一个典型个案。这个往昔中外人士杂居、中西文化并存的国际社区，对中国居民集体人格产生的影响，对中华文明产生的影响，值得我们深入研究，尤其是在全球化不断加快、城市化飞速扩张的今天。正是在这个意义上，我们说，鼓浪屿是个发掘不尽的金矿。

王琰

2013 年 5 月 15 日